El libro de las chicas

Por Kelli Dunham, enfermera matriculada

Ilustrado por Laura Tallardy

APPLESAUCE PRESS

ISBN 13: 978-1-40034-085-9
ISBN 10: 1-40034-085-3

Este libro puede solicitarse por correo a la editorial. Por favor, incluya $5.99
para gastos de envío. Por favor, apoye primero a su librería local.

Los libros publicados por Cider Mill Press Book Publishers están disponibles con descuentos
especiales para compras al por mayor en Estados Unidos por parte de empresas, instituciones
y otras organizaciones. Para más información, póngase en contacto con la editorial.

Cider Mill Press Book Publishers
«Donde los buenos libros están listos para la imprenta»
501 Nelson Place
Nashville, Tennessee 37214

cidermillpress.com

Traducción, edición y adaptación del diseño en español: Grupo Scribere
Tipografía: Century Schoolbook, DIN, EdPS Gothic, Frutiger, Gill Sans,
Grenouille, Johnny Script, Monotype Sorts

Impreso en Malaysia
24 25 26 27 28 COS 5 4 3 2 1
Primera edición

La información que contiene este libro solo pretende ser una fuente de información. Se insta a
los lectores a consultar con un médico u otros profesionales de la medicina para tratar cuestiones
específicas. El autor y el editor no asumen ninguna responsabilidad por las lesiones o los
daños sufridos como resultado del uso o la aplicación de la información aquí contenida

CONTENIDO

CAPÍTULO 3

CAPÍTULO 4

CAPÍTULO 5

CAPÍTULO 6

CAPÍTULO 7

CAPÍTULO 8

RECURSOS Y LECTURAS ADICIONALES

PRÓLOGO

El destino es una cuestión de elección

POR ROBERT ANASTAS, FUNDADOR DE SADD (ESTUDIANTES CONTRA LA ALCOHOLEMIA AL CONDUCIR)

Como educador, apoyo y recomiendo *El libro de las chicas* en su totalidad. Kelli Dunham presenta material importante de una manera objetiva y muy fácil de entender. En mis viajes, suelo hablar con estudiantes de todo el mundo y he descubierto que, para tomar decisiones adecuadas, necesitan una base de información sólida. El destino de una persona joven no es una cuestión de azar; es una cuestión de elección.

Llevo más de treinta años trabajando con jóvenes en escuelas y universidades. Mi enfoque principal como educador y consejero ha estado en el consumo ilegal de alcohol y el abuso de drogas. Con los años comencé a ver una sociedad cuyos jóvenes se dejaban llevar por el grupo porque estaban expuestos a una gran presión por parte de sus compañeros. A pesar de los valientes esfuerzos de muchos en el campo de la prevención de drogas y alcohol, el abuso siguió aumentando durante la década de 1980 y principios de los 90. Parecía claro que los adolescentes iban a hacer lo que quisieran sin importar lo que dijéramos. Estoy convencido de que gran parte del consumo ilegal de alcohol y el abuso de drogas se debe a la presión de los compañeros, y, con esto en mente, creé SADD (Estudiantes contra la alcoholemia al conducir, por sus siglas en inglés). Descubrí a través de mi trabajo en SADD que, dado que el problema del consumo ilegal de alcohol y el uso de drogas ilegales recae en los jóvenes, la solución también está en ellos. Para resolver un problema de esta magnitud, primero debemos arrojar luz sobre él, y luego buscar su origen. A través de mi experiencia trabajando con adolescentes, llegué a la conclusión de que las muertes causadas por beber y conducir se habían camuflado para los adolescentes de dos maneras. En primer lugar, la falta de comunicación entre padres e hijos, y, en segundo lugar, la presión de grupo que los adolescentes enfrentan todos los días y que los lleva a hacer cosas que tal vez no desean hacer. Mi experiencia me llevó a creer que, por más decididos que estemos a proporcionar un entorno libre de drogas para nuestros hijos, las estadísticas han demostrado que nuestros esfuerzos han caído en saco roto. Creo que nuestras hijas tomarán las decisiones adecuadas si les damos información diseñada para abordar los temas más amplios con respecto a la toma de decisiones responsable basada en datos fácticos. Ellas deben estar equipadas con información para abordar los síntomas del comportamiento de alto riesgo con habilidades clave para la vida (es decir, autoestima, motivación, madurez y liderazgo).

Este libro presenta información concreta sobre una amplia gama de temas que ayudará a las jóvenes a tomar decisiones adecuadas en su camino por la vida. Es mi deseo que todas las niñas que lean este libro adquieran una mejor comprensión de sus cuerpos y de cómo lidiar con las muchas presiones asociadas con la adolescencia, y así obtengan una ventaja inicial para una vida productiva. Los padres de preadolescentes pueden estar seguros de que este libro les permitirá a sus hijas encontrar las respuestas a las muchas preguntas que surgen en torno a su desarrollo. También puede abrir la puerta a conversaciones saludables entre ustedes como padres y sus hijas.

Grandes cambios por delante

¿Qué tipo de cambios? Bueno, de todo tipo.

Lo primero que notarás es que tu cuerpo está cambiando. Ciertas partes crecen cuando solían ser planas, y aparece vello donde antes no lo había.

Es posible que notes que tus sentimientos están cambiando. Puede que no te gusten las mismas cosas que solían gustarte o que te sientas feliz, triste, cansada o malhumorada en distintos momentos sin razón alguna.

Quizás comiences a ver que tus relaciones cambian. Puede que algunos chicos comiencen a comportarse de forma extraña cuando estás cerca, y todos tus amigos parecen estar atravesando sus propios cambios.

¿Por qué suceden estos cambios? Bueno, estás creciendo y entrando en una nueva fase de tu vida. A veces sientes que estás atrapada en un torbellino. Justo cuando parece que te estás

amoldando a ser una niña, comienzas a notar pequeños cambios en tu cuerpo. Puede que empieces a notar cambios en cómo te sientes contigo misma, con tu familia y con tus amistades. Tal vez los adultos a tu alrededor empiezan a hablar sobre cómo «te estás convirtiendo en mujer», ¡aunque nunca nadie preguntó si ya habías terminado la etapa de ser una niña!

Felicitaciones y bienvenida al maravilloso mundo de pasar de ser una niña a una adulta, llamado a menudo «pubertad», aunque bien podrías llamarlo un fastidio. Puede ser una etapa difícil, pero también puede ser muy emocionante, ¡te lo aseguramos!

Esperamos que este libro sea una ayuda para guiarte a través de los momentos más desafiantes que se avecinan. Ya sea que te lo hayan regalado o que lo hayas encontrado en una librería, es tuyo ahora (bueno, a menos que lo hayas sacado de la biblioteca), y eso significa que puedes leerlo como se te dé la gana.

Por ejemplo, quizás tengas preguntas que este libro puede responder, en especial sobre qué está sucediendo con tu cuerpo y qué vendrá después. Puedes leer solo las partes que responden esas preguntas, puedes leer el libro de principio a fin o puedes consultar el índice y buscar los temas que deseas conocer ahora mismo. Incluso puedes leer este libro mientras te paras de cabeza si lo deseas, ¡y si eres buena haciéndolo! Además, este libro es pequeño, no podríamos contestar todas las preguntas que tienes. Por eso, encontrarás recursos adicionales al final del libro. Mientras lees, si hay algo que no tiene sentido para ti, te incomoda, te da miedo o te genera dudas, pregúntale a un adulto de confianza con el que puedas hablar de estas cosas.

Sin embargo, hay algo que debes saber sobre los adultos: aunque ya hayan pasado por la pubertad, eso no significa que se sientan cómodos con el tema. Al igual que tú, los adultos pueden tener un poco de miedo al hablar de todo esto. Podrías intentar usar este libro como punto de partida en tu conversación. A veces, tener algo en las manos hace que la conversación sea mucho más fácil.

Si bien este período puede significarte algunos desafíos, ya tienes varios recursos para afrontar los cambios que se avecinan. Tienes personas que te aman y quieren ayudarte a darles sentido a las cosas, tienes amigos que están pasando por lo mismo que tú y pueden entenderte, tienes experiencias pasadas de las que has aprendido y tienes tus propias ideas, esperanzas y sueños que anhelar. Todo esto te ayudará a hacer que los próximos años sean más fáciles. Te deseamos todo lo mejor en este viaje que te llevará de niña a mujer. ¡Puedes hacerlo!

CAPÍTULO 1

Pubertad: Una guía para principiantes

¿Te sientes confundida por todos los cambios que suceden dentro (y fuera) de tu cuerpo? No estás sola. Ya sea que hayas experimentado algunos de los cambios en tu cuerpo descritos en este libro o estés al comienzo de este proceso, tener la información adecuada puede hacer que este tiempo sea más fácil y tal vez un poquito menos estresante.

La pubertad sucede ya sea que te sientas lista para ella o no, pero (como es probable que tus profesores ya te lo hayan dicho muchísimas veces) el conocimiento es poder. Saber con anticipación lo que le sucederá a tu cuerpo puede ayudarte a prepararte para lo que se viene. Las sorpresas pueden ser buenas para los cumpleaños, pero no son divertidas cuando se trata de los grandes cambios que ocurren en la pubertad.

Y allí aparece otra vez esa palabra: pubertad. Es posible que te hayas estado preguntando que es esta «pubertad» de la que tus padres, profesores y amigos hablan y qué tiene que ver contigo.

Aquí va la primicia: la pubertad es el nombre del proceso que tu cuerpo atraviesa cuando pasas de niña a adulta. Hay crecimiento y cambios, muchos de ellos, algunos de los cuales son visibles por fuera, y otros que suceden en el interior. A menudo, cuando las chicas piensan en la pubertad y en crecer (o lo que los adultos llaman «convertirse en mujer»), piensan en tener su período menstrual. Sin embargo, si bien el comienzo de tu período es una señal evidente de la pubertad, hay mucho más que eso.

Cambios corporales: Solo datos concretos, por favor

La pubertad comienza con una acción de la glándula pituitaria, la cual está ubicada justo debajo de la base de tu cerebro, en caso de que te lo estuvieras preguntando, y envía un mensaje químico a dos glándulas pequeñas llamadas ovarios. En respuesta, tus ovarios comienzan a crecer y producir una hormona llamada estrógeno. Las hormonas son sustancias químicas que actúan como instrucciones para tu cuerpo. Si bien hay muchas hormonas que participan de la pubertad, el estrógeno es la hormona principal encargada de la pubertad en las chicas, mientras que la testosterona es la hormona principal encargada de la pubertad en los chicos.

Cronología de la pubertad

Por lo general, la primera señal de que el estrógeno recién liberado está haciendo su trabajo es un crecimiento repentino. Tus manos y pies crecerán primero, luego te volverás más alta, tus caderas se ensancharán y tu cintura se achicará. Lo más probable es que tu crecimiento repentino se vuelva más lento cuando tengas tu primer período, pero la mayoría de las chicas siguen creciendo entre dos y cinco centímetros después de su primera menstruación.

Un poco después, probablemente en la mitad de tu crecimiento repentino, comenzarás las primeras etapas del desarrollo mamario. Al comienzo de este proceso, se desarrollarán lo que se conoce como «botones mamarios». Estos son pequeños montículos que se forman debajo del pezón y la zona de piel más oscura que lo rodea (conocida como areola). Es común que un pecho comience a crecer antes que el otro. También es común que al principio te duelan un poquito los botones mamarios, pero a medida que tus pechos comiencen a redondearse y a tener más volumen, esta sensibilidad debería desaparecer.

Más o menos en el momento en que comienza el desarrollo de los pechos, a la mayoría de las chicas les comienza a crecer el vello púbico (pelo cerca de la vagina y alrededor de ella). Puede que al principio no haya mucho pelo y que este sea lacio y muy fino. También

SR. LAMONTE
6to GRADO

puede que te empiece a crecer vello debajo de los brazos, o que esto ocurra un poco más tarde. A algunas chicas no les crece el vello en las axilas hasta terminada la pubertad.

Es posible que comiences a notar una mancha de color amarillo claro o blanco en tu ropa interior, llamada flujo vaginal. Esto es algo normal en la forma en que tu cuerpo se limpia a sí mismo. El flujo vaginal es solo una razón más por las que debes cambiarte la ropa interior todos los días.

Cambios emocionales

¿Alguna vez te pasó de estar feliz un momento, furiosa al siguiente y triste media hora después? Bienvenida a una de las partes más difíciles de la pubertad: los cambios de humor.

Hay al menos dos razones para los cambios de humor. La primera son los cambios hormonales que están ocurriendo en tu cuerpo. ¡Sí, ese molesto estrógeno haciendo de las suyas otra vez!

La segunda tiene que ver con que tu lugar en el mundo está cambiando. La pubertad es el puente entre ser una niña y ser una mujer, y, a veces, puede que sientas que no perteneces a ninguno de los dos lugares. Ya no eres una niña, pero a veces te sientes así por dentro y todavía quieres hacer cosas de niños. Por otro lado, no estás lista para las responsabilidades que implica

Cosas que debes saber

Algunas chicas comienzan la pubertad a los ocho años, pero otras lo hacen mucho después. Desarrollarte antes o después que tus amigas no te hace rara; la pubertad es un proceso muy individual, y tu cuerpo se desarrollará cuando esté listo.

Intenta no juzgar tu desarrollo basándote en como lucen otras chicas de tu edad. Que tu mejor amiga esté lista para usar sostén no significa que tú debas usarlo, y que cuatro chicas que conoces ya tengan su período no significa que pasa algo malo contigo si tú no lo tienes. Cada chica se desarrolla a su propio ritmo. Con el tiempo, ¡cada chica terminará teniendo la forma que se supone debe tener!

ser adulto, aunque puedas sentir que deseas y necesitas más independencia. Algunos días puedes sentir que no encuentras tu lugar y que nadie entiende lo que te pasa. ¡No es de extrañar que te pongas un poco (o muy) malhumorada!

Hablar sobre tus sentimientos puede ayudarte a controlar esas emociones. No te preocupes si te cuesta expresar tus sentimientos, todos nos sentimos así de vez en cuando. Un adulto de confianza entenderá si te resulta difícil poder expresarte.

¿Esos son senos en mi pecho?

Algunas chicas esperan con entusiasmo el desarrollo de sus senos y se van a dormir pensando en sus primeros sostenes; otras chicas pueden pensar que se desarrollaron muy pronto e incluso pueden sentirse incómodas cuando están con otras chicas menos desarrolladas de su edad. Aunque puede ser difícil desarrollarse antes (o después) que la mayoría de las personas de tu edad, en realidad, hay mucha variedad en lo que se considera normal. ¡A algunas chicas les empiezan a crecer los senos a los nueve años, mientras que a

otras puede que no les salgan hasta casi los catorce!

Algunas chicas comenzarán a ver un crecimiento en sus senos dentro del año en que sus madres tuvieron su primer desarrollo mamario. Sin embargo, esto es solo a grandes rasgos, ya que diferentes factores como la nutrición, la salud y el ejercicio pueden influir en los niveles hormonales y, por lo tanto, suponer un desarrollo mamario más adelantado (o más atrasado).

Que tus senos se desarrollen después, o antes, que el resto de tus amigas puede ser algo vergonzoso. Después de todo, ¿quién quiere ser diferente del resto de las chicas en la clase? Pero te prometemos que al final todo estará bien. Todos tenemos cuerpos diferentes, y no hay una forma correcta o incorrecta para el crecimiento mamario.

Siempre puedes hablar con un adulto de confianza o con tu médico si sientes que ya has esperado mucho a que te crezcan los senos. Ellos te pueden dar una mejor idea de dónde te encuentras en la cronología de la pubertad, y lo más probable es que te digan que tu desarrollo es completamente normal para ti.

Cómo sujetar tus pechos: Sostenes y demás

Cuando tus senos comienzan a desarrollarse, la pregunta que las chicas suelen hacerse es: «¿Cuándo tengo que empezar a usar un sostén?». Usar uno es una cuestión de comodidad. A algunas chicas les gusta la sensación de contención que les brinda, sobre todo para hacer deportes o correr y saltar. No pasa nada si usas un sostén antes de tiempo, pero deberías preguntarles a los adultos de tu entorno cuándo es el momento oportuno para ti.

Seguramente querrás que tu mamá, tu hermana mayor o alguna otra mujer adulta te acompañe en tu primera expedición de compra de sostenes. Antes de ir, estas son algunas cosas que te sería útil conocer.

Primero, hay diferentes tipos de sostenes. El primero que una chica suele utilizar es un sostén formador, que no sujeta mucho, pero te ayuda a acostumbrarte a usar uno. A algunas chicas al principio les pica el uso del sostén, así que es mejor si el sostén formador no tiene muchos encajes o volantes para que no te molesten.

A medida que tus senos crezcan, podrían interesarte otro tipo de sostenes, incluso los que tienen aro (cubiertos, por supuesto). Esto ayuda a darle algo de estructura al sostén y sujeta más. Un sostén deportivo es otro tipo de sujetador que brinda mayor contención. Los sostenes deportivos suelen quedar bien ajustados, por lo que puedes correr y hacer deportes con comodidad. Sin embargo, no tienes que practicar deportes para usar un sostén deportivo; ¡a algunas chicas les gusta cómo lucen y cómo se sienten al tacto, y los usan todo el tiempo!

Los talles de los sostenes deportivos suelen ser pequeño, mediano y grande, pero otros sostenes tienen tanto la medida del ancho de pecho (en Estados Unidos esto se mide en pulgadas) como la de la copa. El tamaño de la copa suele ir desde AA (la más pequeña) hasta EE (la más grande).

Siempre es bueno que una experta tome la medida de tu sostén. La mayoría de las tiendas donde se venden sostenes cuentan con una «especialista en lencería» (que es una manera elegante de decir «la que ajusta los sostenes»), que está capacitada para decirte tu talle correcto de sostén. Esta persona tomará la medida de tus senos y alrededor de tu cintura por encima de la camiseta, y te ayudará a elegir el sostén que se adapte mejor. Siempre es una buena idea que te ajusten los sostenes, para que no tengas que luchar con un sostén muy apretado o muy suelto. Para saber si tu sostén te ajusta bien, deberías poder colocar cómodamente dos dedos debajo de la banda del sostén (la que se engancha en tu espalda). Un sostén demasiado apretado o demasiado suelto no te sujetará bien, ¡e incluso podría pellizcarte!

Datos importantes sobre los senos

❋ Puede haber un seno que se desarrolle un poco más rápido que el otro. Esto es normal, y puede que seas la única persona que lo note.

❋ A veces, los senos que se desarrollan muy rápido presentan estrías que parecen rayos que rodean la parte más

externa del seno. Si bien estas marcas son muy visibles ahora, desaparecerán con el tiempo.

❋ Es normal que sientas que te duelen los pechos, que están más sensibles y pesados en los días anteriores a la llegada de tu período.

❋ La mayoría de los expertos no recomiendan el autoexamen mamario regular durante varios años porque los problemas en los senos no son muy comunes en las adolescentes, pero aun así es importante que te familiarices con cómo lucen tus senos y cómo se sienten al tacto incluso a medida que crecen y cambian. La mejor forma de hacer esto es tocando tus senos con la yema de los dedos mientras estás acostada boca arriba. Presiona un pecho con la mano opuesta

usando diferentes niveles de presión (primero suave y después un poco más fuerte) formando un círculo alrededor de tu seno. Esto te ayudará a darte cuenta de cualquier cambio que se produzca más adelante.

✻ No hay un tipo de tamaño o forma de seno más saludable que otra, y tener pechos más grandes o más pequeños no aumenta ni disminuye las probabilidades de desarrollar cáncer de mama.

✻ También debes informarle de inmediato a un adulto en casa o a tu proveedor de atención médica femenina si tienes algún dolor en los senos que no sea cerca del período de menstruación; una zona roja, caliente o hinchada en los pechos; un bulto duro que permanece así sin importar en qué parte del ciclo menstrual te encuentres; o cualquier fluido que salga de tu pezón.

La llegada de la menstruación

Lo que se suele conocer como la llegada de tu período también se denomina como el comienzo de la menstruación. En términos más sencillos, la menstruación ocurre cuando una pequeña cantidad de sangre sale de tu vagina durante algunos días. Aunque esto puede parecer un poco aterrador, es un proceso normal que les sucede a las mujeres una vez por mes, que comienza durante la pubertad y continúa hasta la edad en que ya no pueden tener hijos.

Para comprender por qué sucede esto, tenemos que hacer un pequeño repaso de anatomía. Las chicas nacen con un lugar para que los bebés se desarrollen y crezcan hasta que estén listos para venir al mundo. Este lugar se llama útero. No muy lejos del útero hay dos glándulas llamadas ovarios, que son las encargadas de producir estrógeno y otras hormonas, además de almacenar los óvulos que algún día podrían convertirse en un bebé.

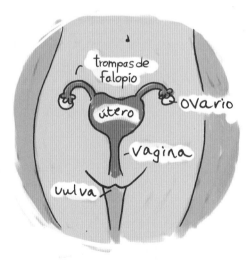

A partir de la pubertad, aproximadamente una vez al mes, tus ovarios liberan uno de estos óvulos. El óvulo desciende por un conducto especial (también conocido como trompa de Falopio) que va desde los ovarios hasta el útero. Este proceso dura unos tres días. Mientras el óvulo llega al útero, el revestimiento del útero (conocido como endometrio) se engrosa llenándose de sangre y fluidos. Si el óvulo es fecundado (se une a un espermatozoide para formar un bebé), el revestimiento engrosado es un lugar agradable y acogedor para que el óvulo fecundado se transforme en un bebé. Si el óvulo llega al útero y no es fecundado, el útero no necesita ese revestimiento extra que ha construido, por lo que despide la sangre y el tejido a través de la vagina durante algunos días.

Tu primer período: ¿Cómo te darás cuenta?

Cuando te viene el período por primera vez, puede que sientas que una pequeña cantidad de líquido sale de tu vagina. A veces es difícil reconocer esta sensación en un principio; es más probable que primero

LA EXPERTA DICE

Los cambios hormonales que vienen con la llegada de tu período y con su regularización pueden hacerte sentir como si estuvieras en una montaña rusa de emociones, pero a medida que tus períodos se regularicen y continúes creciendo y madurando, los efectos emocionales secundarios se estabilizarán.

veas algo de color rojo o marrón oxidado en tu ropa interior.

Tu primer período puede ser algo inesperado, aunque sepas que tiene que venir (una de las razones por las que existen libros como este es para que las chicas no se sorprendan), ¡pero no tienes por qué asustarte!

Tu período no será abundante de golpe, por lo que tienes tiempo de conseguir algunos suministros. Si estás fuera de casa y no los tienes contigo, puedes pedirle productos sanitarios a la enfermera de la escuela (eso es si estás en la escuela) o a la madre o abuela de alguno de tus amigos.

Algunas chicas les dicen a todas sus amigas cuando les viene el período, algunas solo le cuentan a su mejor amiga y algunas chicas eligen mantenerlo en privado y quizás decirle solo a su mamá o hermanas. Tú debes hacer lo que te haga sentir más cómoda. Recuerda: es tu información personal y no tienes que compartirla con nadie, aunque te pregunten. Nadie puede saber con solo mirarte que ya tienes tu período, ¡aunque a veces pareciera que sí pueden! Recuerda: para la mayoría de las chicas y mujeres, menstruar es una parte normal de la vida, así que no hay que avergonzarse ni sentir asco. Aunque algunos adultos no actúan como tales con respecto a la menstruación, tenerla no tiene nada de asqueroso, ¡solo es algo natural de tener útero!

¡Durante los primeros años de menstruación, puede que sientas que es una incógnita! Tus primeros períodos pueden ser irregulares, pueden comenzar y detenerse, y pueden salirse de control cuando estás estresada o no te sientes bien. Esto es habitual, pero para el primer o segundo año de menstruación, la mayoría de las chicas tendrán períodos regulares. Tu ciclo menstrual (se cuenta el tiempo desde el primer día de un período hasta el primer día del siguiente) tendrá entre 21 y 35 días, aunque el promedio es de 28 días. El período de menstruación puede durar entre 1 y 7 días. Llevar el registro de tu período en un calendario te ayudará a recordar cuándo es más probable que suceda, ¡incluso hay unas aplicaciones muy buenas que te ayudan a hacer un seguimiento de tu período una vez que sea regular, para que no te tome

desprevenida!

¡Qué dolor!: SPM y dolores menstruales

La menstruación es una función corporal normal y sana. No estás enferma cuando tienes tu período, y no hay razón para cambiar tus actividades diarias. Puedes nadar, practicar deportes y todo lo que sueles hacer, siempre y cuando te sientas cómoda.

Algunas chicas tienen dolores menstruales. Estos ocurren porque el útero se contrae a medida que expulsa la sangre. A veces también les duele el abdomen o la

Cosas que debes saber

La mayoría de las chicas tienen su primer período un año después de su primer flujo vaginal y unos dos años y medio después de que comiencen a crecerle los pechos.

Quizás te resulte conveniente llevar unas toallas femeninas en la mochila por si te viene el período en la escuela o cuando estás con tus amigos. De esa manera, tendrás lo que necesitas incluso si no te sientes cómoda como para contárselo a alguien.

espalda, tienen náuseas o incluso un poco de diarrea. Uno de los mejores tratamientos para los dolores menstruales es el calor, ya sea de un baño tibio o de una almohadilla térmica. El ejercicio también ayuda a aliviar los dolores durante la menstruación, al igual que beber mucho líquido. Los analgésicos de venta libre, como el ibuprofeno, pueden ayudarte a continuar con tu rutina diaria. La menstruación no debería hacer que te sientas muy mal ni que tengas que faltar a clase. Si los analgésicos no ayudan o si te enfermas mucho cada vez que tienes tu período, deberías ponerte en contacto con tu proveedor de atención médica para ver si los dolores son algo más que los dolores normales de la menstruación.

En el momento antes de que comience tu período, puede que tengas algo que se conoce como síndrome premenstrual (SPM). Esto se debe a cambios en tus hormonas a medida que tu cuerpo se prepara para la menstruación. Algunas chicas se ponen de mal humor en este período. Puede que se sientan irritables o que lloren con más facilidad, y que también descubran que tienen ganas de comer ciertos alimentos.

Mantenerse lo más saludable posible es la mejor defensa contra el SPM. Hacer algo de ejercicio y evitar la cafeína también ayuda. En cuanto a los cambios de humor, una de las cosas más fáciles de hacer es llevar el registro de tus períodos en un calendario.

Cosas que debes saber
Toallas femeninas vs. tampones

Esta es una comparación entre toallas femeninas y tampones para ayudarte a descubrir cuál es el adecuado para ti.

¿A dónde van colocados?
Tampones: se introducen en la vagina. Aunque esto pueda parecer asqueroso o difícil de hacer, la mayoría de las chicas se acostumbran después de varios intentos. Una vez que el tampón está bien colocado, no se notará que está allí.
Toallas: se adhieren a la ropa interior. Es fácil de hacer (y nadie sabrá que está allí).

¿Cada cuánto se cambian?
Tampones: depende de la cantidad de tu flujo, pero calcula entre tres y cuatro horas, Asegúrate de cambiar tu tampón cada seis horas como máximo y nunca duermas con uno puesto.
Toallas: depende de la cantidad de tu flujo y del tamaño de la toalla, pero calcula entre tres y cuatro horas. Existen toallas nocturnas que están hechas para que duren más, pero son algo incómodas para usar durante el día.

¿Qué pasa con los deportes?
Tampones: a las chicas que usan tampones les resulta más fácil practicar deportes. También puedes ir a nadar mientras llevas puesto un tampón.
Toallas: excepto natación, ¡puedes hacer cualquier deporte! Las toallas actuales son tan finas que te olvidas de que están allí.

Pídele a tu mamá o a tu proveedor de atención médica más información sobre las toallas femeninas y los tampones. Tal vez quieras probar ambos para ver cuál te resulta más cómodo.

¿Lo sabías?

En los últimos años, los productos menstruales de uso personal no desechables han ido ganando cada vez más terreno. Aunque muchas mujeres en todo el mundo usan productos no desechables, estos pueden ser un poco complicados para las niñas en etapa escolar. El beneficio de los productos menstruales reutilizables (como las toallas de tela reutilizables y la copa menstrual que se introduce en la vagina) es que son mucho mejores para el medio ambiente y no te exponen a los químicos que se encuentran en los productos desechables.

De esa manera, sabrás cuándo está por venir, así que, si te encuentras llorando sin razón, al menos podrás recordar: «Nada raro por aquí, solo tengo el SPM».

Un repaso rápido de lo que es normal

❋ Antes que nada, es normal sentirse insegura de los cambios en tu cuerpo. Por eso escribimos este libro, para ayudarte a despejar algunas de las dudas que podrías tener.

❋ También es normal desarrollarse más lento o más rápido que tus amigas y otras chicas que conoces. Cada niña tiene su propio ritmo para el desarrollo físico y emocional.

❋ Es normal sentirse rara con respecto a ti misma y a tus relaciones. La pubertad es una época confusa (y a veces incómoda) para todos. ¡En este momento, sentirse rara es perfectamente normal!

❋ Es normal tener un cuerpo que no se parece en nada al de tu estrella favorita de las redes sociales, al de las personas en las revistas o incluso al de otras chicas que ves en el vestuario. ¡Los cuerpos vienen de muchas formas y tamaños!

❋ Es normal tener senos más grandes que las otras chicas de tu grado, o más pequeños que todas las que conoces, ¡o incluso no tener! Tu cuerpo sabe cuál es el mejor crecimiento para ti y todo terminará por acomodarse.

✳ Es normal querer hacer cambios en tu vida. Estás creciendo y se supone que las cosas no deben permanecer de la misma manera para siempre.

✳ No solo es normal, sino que es ideal que le pidas a tu mamá, papá u otro adulto que te ayude con cualquier cambio que estés pasando en la pubertad. ¡Para eso están!

✳ Es normal intentar asumir más responsabilidades y querer tener más control de tu vida (en especial si parece que tu vida está más fuera de control). Este es el momento en tu vida en que comienzas a ganar un poco más de independencia y tu comportamiento determinará cuánta independencia puedes manejar en esta época de tu vida.

¡Tú puedes! Quizás te lleve un poco de tiempo, pero tarde o temprano, sentirás que todos estos cambios se han asentado ¡y que te sientes perfectamente normal!

LA EXPERTA DICE

A medida que creces, tu médico dedicará algo de tiempo en cada control para hablar contigo a solas. Este es un buen momento para hacerle cualquier pregunta que puedas tener sobre los cambios en tu cuerpo, en especial sobre cosas que pueden parecer vergonzosas.

Tu primera visita al ginecólogo

Ir al médico que se especializa en las cosas «de ahí abajo» puede ser una experiencia estresante para una joven. Lo más probable es que ni siquiera necesites un examen pélvico en tu primera visita (y no necesitarás una parte de un examen que se llama Papanicolau hasta dentro de algunos años), pero es importante desarrollar una relación con un proveedor de atención médica femenina. Si necesitas un examen pélvico, aquí tienes una breve guía sobre lo que deberías esperar:

1. La enfermera te llevará a una habitación y luego de pedirte tu historia clínica (preguntas sobre tu período y cosas así), te dirá qué ropa debes quitarte. Por lo general, te da una sábana para que te cubras, por lo que no estarás totalmente desnuda, pero si te sientes ansiosa por este primer examen médico, pregúntale si puedes dejarte la camiseta o usar una bata que hayas traído de tu casa. Si te gustaría que tu mamá o tu amiga te acompañe, solo pídelo. La mayoría de los lugares no tienen problema con esto.

2. La camilla para los exámenes femeninos suele tener unos estribos en el borde. Son para que coloques los pies mientras el médico te examina la vagina y los órganos femeninos. Pueden parecer algo extraños, pero los estribos te hacen sentir más cómoda durante el examen.

3. El médico examinará primero las partes externas de tu vagina y se asegurará de que todo se

haya desarrollado normalmente y esté bien. Luego es posible que el médico quiera ver si puede introducir un aparato (llamado espéculo) que permite ver dentro de la vagina. Puede que el médico también coloque uno o dos dedos dentro de tu vagina y una mano en tu abdomen. Esto le permite sentir tus ovarios y tu útero. El médico busca asegurarse así de que tienen un tamaño normal y se han desarrollado de forma adecuada.

No dudes en hacerle preguntas o sostener la mano de tu mamá. Pueden ser unos minutos difíciles, pero resiste. ¡La buena noticia es que no tendrás que volver a visitar a este médico hasta dentro de un año!

CAPÍTULO 2

Ocúpate de tu cuerpo en crecimiento y de todas sus partes

¿En qué piensas cuando piensas en crecer? ¿En la llegada de la menstruación? ¿En qué te crezcan los pechos? ¿En aprender a conducir un auto? Todo esto es parte importante de crecer, y hablaremos de ello en un momento (bueno, excepto la parte de conducir un auto; para eso tendrás que recurrir a educación vial), pero no son las únicas cosas que se ven afectadas por este maravilloso y salvaje proceso llamado pubertad. En este capítulo, encontrarás información sobre cómo cuidar las partes de tu cuerpo que cambian rápidamente, de la cabeza a los pies.

Empecemos por arriba: El pelo de tu cabeza

El cuidado del cabello puede ser algo un poco complejo para las chicas. No solo hay para elegir muchos estilos de peinados, sino que también las diferentes texturas requieren cuidados y rutinas de mantenimiento diferentes. Sin embargo, muchos de los conceptos básicos son los mismos, tanto si llevas el cabello con un «gran estilo» o si lo llevas «corto y sencillo».

❋ **Enjabonar. Enjuagar. Repetir.** A medida que te vas adentrando en la pubertad, puede que te des cuenta de que tu pelo es más graso de lo que solía ser. ¡Otra vez esas hormonas molestas en acción! Si eres muy activa y tienes cabello fino o graso (o ambos), quizás debas lavarte el pelo todos los días. Si tu pelo es grueso y con textura, no tendrás que lavarlo con tanta frecuencia, ya que eso solo secaría tu cabello y el cuero cabelludo. Para el pelo grueso y áspero, lavarlo con champú una vez por semana puede que sea suficiente. El pelo grueso también podría necesitar un tratamiento de acondicionador profundo todas las semanas.

❋ **Utiliza productos de cuidado del cabello que sean específicos para tu tipo de pelo.** Las distintas texturas capilares necesitan productos de aseo diferentes. Consulta

las etiquetas o pide ayuda en la farmacia si no estás segura de qué comprar. En la peluquería también pueden darte sugerencias, pero ten en cuenta que los productos que se compran en los salones son casi siempre más caros que los productos comprados en otros lugares.

❋ **El cabello no soporta el calor.** Los productos químicos (como las permanentes o las tinturas), y los procesos en los que se aplica mucho calor al cabello (como el secado, el rizado o el alisado) dañan tu cabello y dificultan el cuidado a largo plazo. Cuanto menos uses estos procesos, menos productos especiales de acondicionamiento vas a necesitar.

Mis queridas orejas

Si le preguntas a tu médico o enfermero, es probable que te digan que lo más importante que puedes hacer por tus orejas es ¡no meter nada en ellas! Las tapas de los bolígrafos, los sujetapapeles e incluso los hisopos pueden lastimar mucho tus oídos si los metes muy profundo. Lavarte el cabello con regularidad debería mantener tus orejas limpias; también podría ayudarte frotar con suavidad la parte externa de las orejas (la parte que no es un agujero) con una toalla para el rostro. Asegúrate de limpiar detrás de las orejas donde la suciedad puede acumularse con facilidad. Aunque no la veas, puede ser visible para otras personas, sobre todo si tienes pelo corto.

¿Viste la cera que tienes en los oídos? Se llama cerumen. Puedes pensar que es asquerosa, pero cumple una función importante: impide que la suciedad se meta más adentro en el oído donde podría causar un daño real. Así que haz las paces con tu cerumen y deja que haga su trabajo. Si sientes que tus oídos están tapados o no puedes oír bien, pregúntale a tu proveedor de atención médica qué podrías hacer para deshacerte de un poco de cera.

Oh, ya veo

¿Qué es eso entre medio de tus orejas? ¡Oh, sí, son tus ojos! Estoy segura de que no tenemos que explicarte lo importantes que son tus ojos para ti; ¡seguramente los estás usando ahora mismo para leer este libro! Lo principal que debes recordar sobre tus ojos es que, si no ves bien, debes avisarles a los adultos de tu entorno para que te revisen la vista. A algunas personas les cuesta ver cosas que están cerca de ellas. Estas personas son hipermétropes. La mayoría de las personas que no ven bien, sin embargo, son miopes, es decir, pueden ver cosas que están cerca, pero les cuesta ver el pizarrón (o la pizarra interactiva) y otras cosas que están más lejos.

Si tienes problemas de visión, tal vez necesites anteojos. Muchas personas usan anteojos, y los hay de muchos colores y estilos divertidos. Si bien al principio puede que te cueste usarlos, te acostumbrarás ¡y hasta es probable que te olvides de que los llevas puestos! Si te preocupa que te vaya a gustar tu primer par de anteojos, pídele a una amiga que te acompañe a elegir un marco. Quizás te dé la confianza de sentir que estás eligiendo algo fenomenal y con estilo. Después de usar anteojos por un tiempo, podrías usar lentes de contacto. Algunas chicas se sienten más cómodas sobre su apariencia y a otras les resulta más fácil practicar deportes cuando usan lentes de contacto en vez de anteojos. Los lentes de contacto requieren cierto cuidado, por eso, habla con tus padres (y luego con un oculista), para ver si son una buena opción para ti.

Notas *de una chica real:*

Sobre cómo acostumbrarse a los anteojos:

Al principio, puede resultar molesto usarlos. Eso me pasó cuando los usé por primera vez, en especial cuando hacía algún deporte u otra actividad al aire libre. Si hace poco que usas anteojos y se burlan de ti, ignóralos. Sé que es difícil hacerlo, pero muy pronto todos se acostumbrarán a tu nuevo aspecto.

Cara a cara

Cuando estás en plena pubertad, tu rostro puede ser el foco de mucha preocupación debido a una sola palabra: acné (también llamado «granos» o «espinillas»).

Casi nadie pasa por la pubertad sin granos en su rostro, pero saber eso no lo hace más fácil cuando empiezan a aparecer. Los granos aparecen cuando un exceso de grasa queda atrapado en los poros y se combina con las bacterias (es decir, los gérmenes) y las células muertas de la piel. El exceso de grasa de tu piel es gracias a (sí, adivinaste) las hormonas de tu cuerpo. Si bien no puedes eliminar los granos de la noche a la mañana, hay ciertas cosas que puedes hacer para que tu piel luzca y se sienta mejor.

❈ Ya sea que tengas o no tengas acné, deberías lavarte la cara una vez al día. Lavar no significa frotar, ¡después de todo, eres una chica, no una cacerola! Usa un jabón suave y sin perfume y agua tibia, o un jabón diseñado para el rostro. También es conveniente que no te toques la cara, porque al tocarla ayudamos a propagar gérmenes, y esto puede causar más granos.

❈ Si tienes más de unos granos ocasionales, quizás te veas tentada a probar los muchos productos que prometen ahuyentar al «monstruo de los granos». Los tratamientos más comunes y efectivos que puedes obtener sin receta contienen peróxido de benzoilo o ácido salicílico. Puedes adquirirlos en las farmacias. Sigue al detalle las instrucciones y no uses más de lo que las etiquetas recomiendan; el peróxido de benzoilo y el ácido salicílico pueden irritar mucho la piel ¡o incluso pueden quemarla si usas demasiado!

❈ Si los productos de venta libre no te sirven, habla con tus padres sobra la posibilidad de visitar un dermatólogo (un médico que se especializa en el tratamiento de los problemas de la piel).

❈ Si te sale un grano, no lo toques (esto es muy tentador) ni lo revientes. Esto solo irrita más la piel y puede producir una infección más profunda, que puede causar una cicatriz permanente.

 ¡Ponte bloqueador solar y protégete la piel cuando estés al aire libre! Una quemadura solar puede irritar y dañar tu piel, lo que puede provocar aún más problemas en la piel.

Dientes sin dolor

Para cuando leas este libro, ya serás lo suficientemente grande y responsable como para que alguien te obligue a cepillarte los dientes. Es probable que los adultos de tu entorno confíen en que haces un buen trabajo en lo que respecta a tu higiene personal. Quizás ya sepas bastante sobre el cuidado de los dientes, así que esto es solo un repaso rápido de algunos datos importantes sobra la salud bucodental:

 Consíguete un cepillo de dientes que tenga cerdas suaves. ¡Un cepillo de dientes con cerdas gruesas puede provocar pequeñas abrasiones en las encías y causar más problemas!

 Cambia tu cepillo de dientes cada tres o cuatro meses. Pasado

ese tiempo, las cerdas se desgastan y no logran limpiar bien los dientes. Además, las bacterias pueden comenzar a crecer entre las cerdas, ¡por lo que estarías volviendo a poner gérmenes en tu boca!

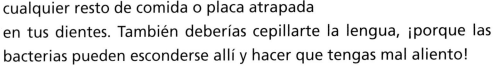

❋ No te olvides de cepillar todas las superficies de tus dientes: externas (las que tocan tus mejillas), internas y todas las partes planas. Asegúrate de cepillar en pequeños círculos para ayudar a quitar cualquier resto de comida o placa atrapada en tus dientes. También deberías cepillarte la lengua, ¡porque las bacterias pueden esconderse allí y hacer que tengas mal aliento!

❋ Recuerda que, para lograr unos dientes muy limpios, tienes que cepillarlos entre dos y tres minutos, que es mucho más tiempo de lo que piensas. Usar el reloj del microondas o de tu teléfono celular puede ser una buena manera de saber si te estás cepillando el tiempo suficiente, o elige una canción que dure tres minutos y escúchala mientras te cepillas, pero ¡no cantes, ya que podrías morderte!

❋ ¡Usa el hilo dental! El hilo dental remueve los restos de comida y las bacterias de entre tus dientes, te ayuda a evitar las caries y mantiene tus encías fuertes. Si enrollar el hilo dental entre tus dedos te resulta difícil, puedes comprar pasadores de hilo dental de un solo uso que son pequeños pedazos de plástico con el hilo dental ya colocado. No son tan baratos, pero facilitan mucho su uso.

¿Tengo que ir?: Las chicas y el dentista

Hay mucho que puedes hacer en casa para tener unos dientes saludables, pero hay algunas cosas (como rellenar una caries) que solo se pueden hacer en el consultorio del dentista. Aunque no todas las familias tienen seguro médico y no todos los planes del seguro médico cubren la visita al dentista, hay formas en que las personas (en especial los niños) pueden recibir un buen cuidado dental. Habla con la enfermera de tu escuela para que te dé algunas ideas sobre cómo los adultos de tu entorno pueden hacer que esto suceda.

A algunas personas (no solo a los niños) no les gusta ir al dentista. Si este es tu caso, haz preguntas antes de ir al consultorio del dentista. Pregúntale al adulto que te programó la cita por qué tienes esa cita: ¿solo tienen que limpiarte los dientes o hay algo más que tienen que hacerte? Luego, cuando entres en el consultorio, antes de abrir tu boca y decir «aaah», pídele al higienista dental o al dentista que te explique con exactitud qué va a suceder, paso por paso. Algunos procedimientos en la consulta del dentista pueden resultar incómodos, y cuanta más información recibas sobre cuándo y cómo las cosas podrían no sentirse tan bien, mejor te prepararás. Un paseo sorpresa al cine puede ser algo divertido, pero una sorpresa en el sillón del dentista es cualquier cosa menos divertida. No estamos diciendo que tener toda la información va a hacer que tu visita al dentista sea como una divertida visita al zoológico, pero cuanta más información tengas, mejor preparada estarás para lo que suceda.

Prepárate: El drama de los aparatos dentales

Muchos chicos (y adultos incluso) usan aparatos dentales. Sin embargo, a pesar de que estos son muy comunes, a veces solo oír que podrías necesitarlos puede hacerte sudar.

Las razones más comunes por las que las personas necesitan aparatos son porque tienen los dientes torcidos o porque tienen la mandíbula superior e inferior de diferente tamaño. Ambos problemas pueden dificultar el cuidado de los dientes. Los aparatos dentales no solo mejoran tu sonrisa, sino que pueden hacer que toda tu boca sea más saludable.

El momento en que empiezas a usar aparatos es perfecto para comenzar a tener más respon-sabilidad por tu salud. Pregúntale a tu ortodoncista (un dentista que se especializa en aparatos dentales) cómo debes cuidar tus aparatos, qué tipo de alimentos debes evitar y qué debes hacer si parte de tus aparatos se rompe, se dobla o irrita el interior de tu boca.

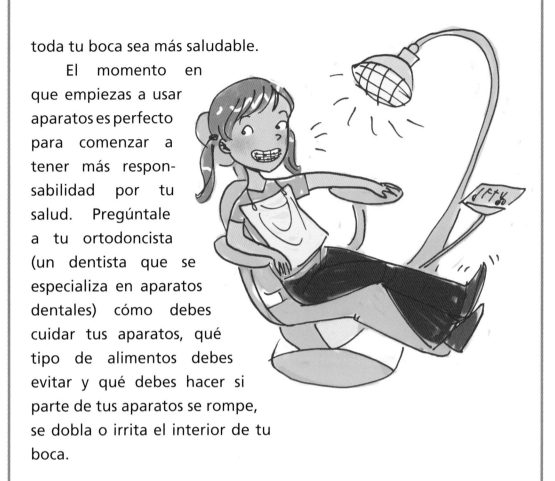

Algunas ideas sobre las axilas

Quizás hayas notado que tienes un poquito más de olor debajo de los brazos de lo que solías tener; o si no lo notaste, es probable que tus hermanos y hermanas mayores hayan decidido informártelo. Esto, de nuevo, es parte del proceso de la pubertad. Esas hormonas dando vueltas en tu cuerpo pueden cambiar la forma en que huele tu sudor y hacer que huelas como una media de gimnasio. ¡Qué asco! Bañarse con frecuencia prestando especial atención a las axilas puede ayudar mucho. Puedes comprar un jabón desodorante especial para usar en las partes del cuerpo que huelen mal, pero prueba usar un jabón más suave en el resto del cuerpo (es decir, en los brazos y las piernas), porque los jabones desodorantes pueden resecar mucho.

Tal vez quieras comenzar a experimentar con diferentes tipos y marcas de desodorante hasta que encuentres el que mejor funcione con la química de tu cuerpo. Los desodorantes vienen en muchas formas diferentes, por ejemplo, a bolilla, sólidos y aerosoles. Evita los desodorantes que se clasifican como antitranspirantes. Un antitranspirante impedirá que sudes, no solo que huelas a olor corporal. Como el sudor es un proceso corporal natural que nos ayuda a enfriarnos, los antitranspirantes no son buenos para tu salud, por lo que es mejor continuar con los desodorantes.

¡Oh, cielos, este pelo!

Que te crezca vello debajo de los brazos y en las piernas es parte del crecimiento. Por muchos años (y en muchas culturas), las mujeres no se quitaban este vello. Por supuesto que, hasta hace ciento cincuenta años, el hecho de que las mujeres mostraran las piernas o las axilas en público hacía que las personas en algunas culturas se desmayaran, por lo que el vello en esos lugares era el menor de los problemas.

Sin embargo, hace unos cien años, las empresas que fabrican máquinas de afeitar (las que tienen una cubierta de plástico en lugar de solo la parte afilada) se dieron cuenta de que podían tener muchos más clientes si convencían a las mujeres de que

Algunos desodorantes pueden dejar marcas en tu ropa, las cuales se notan mucho en la ropa de color oscuro y cuando usas camisetas sin mangas o con tirantes finos. Para terminar con estas marcas, busca desodorantes que digan que son «invisibles» al secarse.

Cómo afeitarse: Una guía para principiantes

Si bien tener vello en las piernas (y en los brazos y el resto del cuerpo) es completamente natural, a algunas chicas les gusta quitárselo. Aquí tienes algunos consejos para que la primera vez que te afeites sea un poco más suave (valga el doble sentido).

1. Métete en la ducha. Nunca te afeites las piernas secas. El calor y la humedad de la ducha te ayudarán a que te afeites de forma más suave y a evitar cortes y heridas.

2. No sientas que tienes que gastar más en cremas de afeitar para mujeres. Una crema de afeitar es una crema de afeitar. Sin embargo, usar crema de afeitar hace que afeitarte sea más fácil, así que prueba usarla. Si te quedas sin crema de afeitar, puedes usar acondicionador si no hay más remedio, ¡solo asegúrate de que los adultos de tu entorno compren más crema de afeitar la próxima vez que vayan a la tienda!

3. Usa una nueva máquina de afeitar y cámbiala con frecuencia. Las viejas no cortarán el pelo muy bien, ¡pero sí pueden cortarte a ti!

4. Comienza por los tobillos y continúa hacia arriba. Esto evitará que te cortes y hará que te afeites al ras. La mayoría de las personas no se afeitan más allá de la rodilla, pero si decides afeitarte más arriba, ten mucho cuidado en la parte posterior de las piernas, ¡un corte allí puede doler mucho!

5. Coloca un poco de loción o crema humectante sobre tus piernas cuando hayas finalizado. Esto evitará que la piel se reseque.

necesitaban afeitarse todos los días. Entonces cuando la moda comenzó a dejar al descubierto las piernas y las axilas (con un 90 % menos de desmayos), las empresas que fabricaban máquinas de afeitar comenzaron a poner muchos avisos publicitarios en las revistas femeninas que hacían que el vello en las axilas y las piernas pareciera algo sucio y feo. Un aviso incluso comparaba tener vello en las piernas con tener lepra, una enfermedad muy temida en esa época. Con ese tipo de presión, puedes entender por qué las mujeres dijeron: «Está bien, está bien, nos afeitaremos todo».

Si bien muchas mujeres se afeitan las piernas y las axilas, debes saber que no hay razones médicas ni higiénicas para afeitar o quitar el pelo en cualquier parte del cuerpo, y muchas culturas ni siquiera lo consideran. Aun así, algunas chicas sienten que estarían más cómodas sin vello. Si esa eres tú, habla con tu mamá o un adulto en casa sobre la mejor manera de deshacerte de él. Una forma habitual es afeitándolo. Si tu vello es grueso, afeitarte podría no funcionarte muy bien, así que quizás quieras probar con otras formas para quitar el pelo no deseado (como las cremas depilatorias).

El cuidado de los pies

Aunque tal vez no pienses en tus pies como componentes del cuerpo que necesitan mucho cuidado, ellos hacen parte del trabajo más duro por ti. Vale la pena mirar qué podrían necesitar para funcionar mejor y lo que puedes hacer para ayudarlos.

Antes que nada, los pies necesitan un buen calzado de apoyo que se ajuste de forma adecuada. En especial a medida que creces rápidamente en estos años de pubertad llenos de diversión (ja, ja), debes medirte con el medidor de pies (se llama dispositivo Brannock, pero eso lo hace sonar un poco aterrador) cada vez que compres zapatos. ¿Sabías que es importante medir ambos pies? Estos pueden crecer a diferentes ritmos, ¡y tener un zapato demasiado pequeño puede hacerte doler bastante después de un tiempo!

Aunque puedas estar desesperada por usarlos, sobre todo cuando vas creciendo, hay muy pocos tipos de tacones que brinden un buen apoyo para tus pies. Los tacones pueden provocar ampollas, dedos en martillo y juanetes, ¡sin mencionar problemas en las piernas y la espalda! Si los tacones es algo que debes tener en tu guardarropa, asegúrate de elegir los que tienen algo de espacio cerca de los dedos. Los zapatos que tienen una buena puntera no son tan malos con los pies como los que aplastan los dedos en una punta. Además, reserva los tacones para ocasiones especiales en las que no tengas que usarlos por más de unas horas y donde no tengas que hacer mucho mientras los llevas puestos. Estar sentada en una fiesta podría ser una ocasión en la que podrías usar tacones, pero correr un autobús o recorrer un museo definitivamente no lo es.

Un problema muy común que casi todos tenemos alguna vez en la vida es el «pie de atleta». El pie de atleta se propaga en lugares oscuros y húmedos, y donde la gente anda descalza. Suena como el vestuario donde los atletas se reúnen, ¿verdad? El pie de atleta es

un tipo de hongo que puede contraer cualquier persona (no solo los atletas). Puedes prevenirlo usando ojotas o zapatos para la ducha en las duchas públicas, ¡solo asegúrate de tener unos especiales solo para este fin para que no tengan gérmenes del exterior! Si notas que te pican o se pelan, sobre todo alrededor de los dedos y entre ellos, es probable que tengas pie de atleta. Es fácil tratar el pie de atleta con aerosoles o polvos antimicóticos que los adultos de tu entorno pueden comprar en una tienda o farmacia. Asegúrate de lavarte y secarte bien entre los dedos antes de ponerte el aerosol antimicótico, y luego lávate las manos de inmediato antes de tocarte la cara u otra parte del cuerpo. Al hongo que causa el pie de atleta le gustan más los pies, pero está feliz de vivir en cualquier parte del cuerpo, ¡incluso en lugares donde definitivamente no quieres tener un hongo!

Los pies no son la parte que mejor huele del cuerpo, pero hay cosas sencillas y fáciles de hacer para que tus pies huelan un poco mejor. Lavarte los pies es importante, por supuesto, pero también es importante usar medias con los zapatos. También es conveniente airear tus zapatos después de usarlos. Notarás que algunos zapatos son más olorosos que otros: los que están hechos de materiales no transpirables como el plástico harán que tus pies suden más. Lávate los pies todos los días y sécalos bien, sobre todo entre los dedos.

Ama tu cuerpo incluso cuando te cueste

¿Sabías que lo más importante que puedes hacer por tu cuerpo que cambia rápidamente es amarlo? Todos los días nos bombardean con imágenes de cómo debe verse una mujer en comerciales de televisión, en las tapas de revistas y en los carteles en la vía pública, pero la mayoría de las mujeres en esas imágenes han pasado horas preparándose para la fotografía. Tienen equipos de personas que se ocupan del maquillaje y el pelo, e incluso después de que toman las fotos, cualquier cosa que no se vea «perfecta» se arregla manipulando la fotografía misma. ¡Muchas de estas fotos se crean para vender productos que las chicas y las mujeres compran para parecerse más a las de las fotos! El propósito real de estas fotos sin defectos es que te sientas mal contigo misma. ¡Lucha y no les des ese poder!

Nuestros cuerpos son muy diversos y maravillosos, y vienen en diferentes formas y tamaños. Comparar tu cuerpo con el de otra persona nunca te hará feliz ni tampoco más saludable. Cuidar tu cuerpo y amarlo por cómo es y por lo que puedes hacer con él, por otro lado, te ayudará a ser más feliz y saludable.

Las chicas y la comida

Las niñas de seis o siete años a veces hablan de «estar gordas» o de la necesidad de «ponerse a dieta». Si bien es importante elegir bien la comida y el movimiento para que nuestros cuerpos funcionen bien y podamos hacer cosas que nos den alegría, hacer dieta es una muy mala idea, en especial para las niñas. Aquí tienes algunas razones:

✳ Las niñas necesitan una buena nutrición y calorías para seguir creciendo.

✳ Las dietas hacen creer que la comida es el enemigo. La comida es combustible y debería ser divertida, y aprender a elegir bien puede ser parte de esa diversión.

✳ Las dietas a menudo son para lograr una medida específica o para verse de la manera «correcta», pero los cuerpos vienen de muchas formas y tamaños. Estas diferencias son naturales y normales.

✳ Como las dietas suelen tener una lista de «buenos» y «malos» alimentos, hacer dieta dificulta escuchar lo que tu cuerpo necesita de verdad.

❋ La mayoría de las dietas relámpago tienen como requisito que abandones categorías enteras de alimentos, lo que hace muy poco probable que tu cuerpo adquiera los nutrientes que necesita.

❋ Las dietas no siempre llevan a una pérdida de peso a largo plazo, y privarnos de algún alimento puede dificultar tener una relación saludable con la comida más adelante.

Aprender qué comer es importante, pero también lo es aprender cómo comer. Por ejemplo:

❋ Trabaja con tu cuerpo. Tu cuerpo te envía señales que dicen: «Tengo hambre», y es importante poder saber cómo se manifiestan. Cuando comes porque estás molesta o aburrida, en vez de hambrienta, es más difícil tomar decisiones saludables con respecto a la comida.

❋ Toma decisiones basadas en cómo te sientes después de comer ciertos alimentos. ¿Tienes más energía? ¿Te sientes cansada, inquieta, mareada?

✳ Si estás buscando alejarte de la comida chatarra, prueba diferentes alimentos que puedan interesarle a tus papilas gustativas, como comidas de otra cultura o comidas que se sazonan con ingredientes diferentes a los que estás acostumbrada.

✳ Aunque la fruta fresca es una colación sabrosa y conveniente, a veces las chicas se aburren con la vieja rutina de «una manzana en el almuerzo». Intenta probar con diferentes tipos de frutas frescas y recuerda: la fruta es mejor cuando es de temporada (es decir, cerca del momento de la cosecha). Puede que hayas aprendido esto cuando intentaste comer un tomate supuestamente fresco en pleno invierno y te diste cuenta de que no sabía mucho mejor que el cartón. Si tu familia puede permitírselo, prueba la fruta orgánica, tiene un sabor aún mejor.

✳ No te desanimes si estás intentando comer más saludable y caes en viejos patrones. Cambiar hábitos lleva tiempo. Si sigues escuchando tu cuerpo y sigues intentando tomar decisiones que te aporten energía, verás que pronto estarás comiendo bien.

Alimentación sana para chicas en movimiento

Si tienes una agenda ocupada, puede parecer mucho trabajo intentar comer sano. Aquí tienes algunos trucos que pueden guiarte hacia los tipos de alimentos que te mantendrán saludable mientras satisfaces tus papilas gustativas:

✳ Siempre lleva una fruta contigo. Pueden ser frutas duras, como las manzanas o las naranjas, ya que las más blandas, como las peras y las bananas, se convertirán en una sustancia pastosa similar a una sopa en tu mochila. En los meses de invierno, no hay nada como el dulce sabor de la mandarina para despertar nuestras papilas gustativas y, como viene con su propio envoltorio (también llamado cáscara), puedes tomarla y salir corriendo.

❉ Piensa en opciones «más saludables» en vez de en «buenos» o «malos» alimentos. No siempre puedes cenar col rizada orgánica y pechugas de pollo al vapor, e incluso si pudieras, te aburrirías rápido. En cambio, cuando no puedas comer lo más saludable, busca alimentos menos procesados y con menos aditivos. Por ejemplo, si solo tienes acceso a una máquina expendedora para una colación después de la escuela, puede que no te dé zanahorias bebés, pero es probable que puedas encontrar pretzeles u otro alimento que no sea frito y quizás tenga algún contenido nutritivo.

❉ Lleva contigo una pequeña bolsa de nueces en todo momento. Las nueces duran incluso más que las frutas, te ensucias menos para comer ¡y tienen proteínas que te mantendrán llena por más tiempo!

Mejores opciones en comida rápida

La comida rápida es práctica, barata, sabrosa y, seamos sinceras, está en todos lados. Como la comida rápida no va a desaparecer pronto, tienes que ponerte al mando y tomar tus propias decisiones saludables a medida que creces:

❉ De nuevo, no pienses en «buenos» y «malos» alimentos. No hay alimentos específicos que sean buenos o malos, sino que algunos alimentos no te aportan la suficiente energía. Muchas opciones de comida rápida entran en esta categoría.

❉ A veces una ensalada puede ser una buena opción de comida rápida, pero ten cuidado de no agregar muchos aderezos u otros tipos de comida no vegetales, ya que no agregan muchos nutrientes, pero sí muchas calorías. Es como poner una hamburguesa completa en tu ensalada.

❉ La comida rápida está muy procesada; es decir, ha pasado mucho tiempo desde que alguien la cultivó (si es que alguna vez eso

pasó). Además, como viene de muy lejos y ha sido congelada, enlatada o empaquetada, necesita de muchos conservantes y químicos para que tenga buen sabor. Estos conservantes y químicos hacen que a tu cuerpo le resulte más difícil usar la comida rápida como combustible.

✳ Cuando tengas dudas y haya una fruta, considera tomar la fruta.

✳ Que la bebida que viene con la comida rápida tenga la palabra «jugo» no significa que sea saludable. Ten cuidado con los endulzantes como el jarabe de maíz con alto contenido de fructosa, que a tu cuerpo le cuesta mucho usar como combustible.

✳ Piensa en entrenar tus papilas gustativas. Es cierto que las papas fritas saben geniales, y las papas fritas de comida rápida saben especialmente espectacular porque suelen rociarlas con una solución azucarada antes de freírlas, pero las manzanas pueden saber muy bien si tomas el hábito de comerlas.

✳ Haz pequeños cambios primero. Si sueles ingerir una comida rápida y tomar una gaseosa grande, quizás puedas empezar llevando tu propia botella de agua y eliminar la gaseosa. Luego de hacer eso por un tiempo, puedes cambiar las papas fritas por las manzanas.

¿Te preocupa el peso?

Aunque es mucho más saludable (y mucho más divertido) pensar en términos de decisiones saludables en cuanto a la alimentación y al movimiento en vez de en dietas y ejercicios, las chicas tienen mucha presión por ser delgadas y muchas le tienen miedo a la palabra que empieza con G: gorda.

La televisión y las películas no hacen un buen trabajo a la hora de mostrarles a las chicas la variedad de tipos de cuerpos saludables que existen. Si solo obtienes tu imagen corporal de los medios, podrías pensar que todas las chicas son altas y delgadas. ¡Eso no es cierto! Las chicas tienen diferentes formas y tamaños; el truco está en encontrar y aceptar el tamaño y el peso más saludables para tu tipo de cuerpo.

Si te preocupa tu peso, tómate un minuto y piensa qué es lo que en realidad te asusta. ¿Te preocupa no ser saludable? ¿Te preocupa no tener novio? ¿Te preocupan las burlas? Pídeles a tus padres que te ayuden a averiguar si lo que te preocupa es probable que suceda y, si así sucede, cuáles son tus opciones. También puedes preguntarle a un profesional de la salud (como un médico o enfermero) si tu peso es el adecuado para ti.

Las chicas y los deportes

Si te gustan, los deportes en equipo pueden ser una buena manera de ayudarte a estar en forma, pasar tiempo con amigos ¡y disfrutar de lo que tu cuerpo puede hacer! Los deportes en equipo pueden ser muy buenos para las chicas porque te pueden ayudar a sentirte segura de tu cuerpo mientras pasas por la pubertad. Los deportes pueden ser una buena forma de asegurarte de que sigas haciendo las cosas que disfrutas, incluso si te sientes un poco incómoda por la forma en que te mueves en tu cuerpo en constante cambio.

Algunas razones para practicar un deporte en equipo:

❋ Liberas el estrés y la energía acumulada de estar sentada todo el día. Después de todo, ¡es difícil preocuparse por la tarea de matemáticas cuando estás intentando pegarle a una pelota!

❋ Te diviertes.

❋ Haces ejercicio y disfrutas de lo que tu cuerpo puede hacer.

❋ Aprendes habilidades como pasar una pelota y regatear, así como la autoestima, la disciplina y el trabajo en equipo.

❋ Haces amigos.

¿Notaste lo que no estaba en la lista de beneficios de los deportes en equipo? «Sentirse bien por ganar cada partido». Nadie va a argumentar que ganar no es divertido, sobre todo si lo comparas con perder, pero si hay demasiado énfasis en ganar, los deportes se vuelven menos divertidos. Si lo único que hace que los deportes sean divertidos es ganar, y solo un equipo puede ganar, ¡eso significa que solo la mitad de los jugadores logran disfrutarlo! ¿Irían tú y tus amigos al cine a ver una película que sabes que la mitad va a detestar? Eso sería una pérdida de tiempo. Con los deportes pasa lo mismo si el único objetivo es ganar.

A algunas chicas les cuesta perder, si eso te sucede a ti, puedes ponerte objetivos personales para cada partido que no dependan de ganar. Por ejemplo, si juegas al fútbol, tu objetivo puede ser atrapar el ochenta por ciento de las pelotas que te llegan. Si te cuesta apoyar a tus compañeras de equipo, quizás tu objetivo podría ser encontrar cinco cosas con las que elogiar a otras jugadoras.

A veces los adultos presionan demasiado a los chicos para que hagan deportes. Si bien un poco de presión puede ser buena, presionarte demasiado a ti y a tu cuerpo en crecimiento puede causar lesiones permanentes. Si sientes tanta presión que los deportes han dejado de ser divertidos para ti, tal vez sea la hora de hablar sobre esto con tus padres.

Practica deportes de forma segura

Los accidentes deportivos suceden a veces incluso si eres muy cuidadosa, pero hay medidas que puedes tomar para prevenir lesiones graves o duraderas. Una de las cosas más importantes que puedes hacer es usar el equipo de protección adecuado. Tu cabeza es muy importante, ya que es donde está tu cerebro. También es una de las partes del cuerpo más fáciles de proteger: asegúrate de usar el casco correspondiente al deporte que estás practicando. Pídele a

tu entrenador que te ajuste el casco y siempre usa la correa para la barbilla (si el casco viene con una). De lo contrario, ¡tu casco podría salir volando para un lado y tu cabeza para el otro al mismo tiempo cuando deberían permanecer juntos! También debes usar casco cuando andas en bicicleta; en algunos lugares, es ilegal no usar casco, y los adultos que están a cargo tuyo pueden estar en problemas si tú andas sin él.

Otra forma muy importante de evitar lesiones cuando haces deportes es calentar y estirar antes de comenzar.

Sobre los trastornos alimentarios

Existen dos tipos principales de trastornos alimentarios. Si una chica tiene anorexia nerviosa, se matará de hambre a propósito. Si tiene bulimia, comerá grandes cantidades de alimentos y luego se forzará a eliminarla (purgarla) de su sistema. Ambos tipos de trastornos alimentarios son muy graves y requieren que la chica busque ayuda profesional que la ayude a vivir una vida saludable, activa y feliz. Los trastornos alimentarios suelen comenzar cerca del inicio de la pubertad y pueden durar toda la vida si no se los trata. Aquí tienes algunas señales a las que debes prestarles atención en ti y en tus amigas. Si crees que tú o alguien que conoces tiene un problema, habla con un adulto de confianza.

Anorexia nerviosa:

Las chicas con anorexia nerviosa:

❋ Suelen estar convencidas de que están gordas. Aunque para otras personas puedan estar «flacas como un alfiler o como un palo», cuando se miran al espejo, ven a alguien que tiene sobrepeso.

❋ Pueden estar obsesionadas con la comida. Pueden hablar sobre ella de manera constante e incluso cocinar grandes comidas, pero no comerlas.

❋ Suelen estar obsesionadas con el ejercicio. Pueden hacer ejercicio durante horas para deshacerse de las calorías que hayan ingerido.

Bulimia:

Puede que sea más difícil saber si una chica tiene bulimia porque puede no ser muy delgada. Sin embargo, aquí tienes algunas cosas que debes observar.

Las chicas con bulimia:

❋ Están muy conscientes del cuerpo y el peso, y casi siempre están haciendo dietas. Piensan mucho en el peso y la forma corporal, y lo usan para elevar o bajar su autoestima.

❋ Comen una excesiva cantidad de comida durante un período corto de tiempo y sienten una falta de control sobre la cantidad que ingieren. A menudo sienten que no pueden parar de comer hasta que se haya terminado toda la comida.

❋ Pueden obligarse a vomitar o usar otros métodos para evitar el aumento de peso debido a las grandes cantidades de comida que ingirieron.

El tratamiento para la bulimia y la anorexia nerviosa incluye terapia con un psicólogo especializado, medicación y a veces hospitalización. Recuerda: la ayuda existe, pero a veces el paso más difícil es pedirla.

El calentamiento y el estiramiento hacen que tus músculos se despierten y que la sangre circule para lograr tu mejor desempeño sin salir lesionada. Existen áreas especiales de tu cuerpo en las que deberás concentrarte en estirar según el deporte. Tu entrenador debe saber todo sobre esto. Si haces un deporte que no requiere de equipos o entrenadores (correr o andar en patineta, por ejemplo), tendrás que hacer tu propia investigación sobre cómo estirarte. Alguien más experimentado en el deporte puede tener algunas ideas, o puedes investigar en línea o en tu biblioteca local.

El último consejo para practicar deportes de forma segura: no juegues si estás lesionada. Es fácil llevarse por la emoción de la última jugada final o de un partido igualado. A veces las cosas duelen un poco cuando te esfuerzas físicamente, ¡eso es parte de la actividad física! Sin embargo, jugar cuando tienes una lesión puede hacer que algo pequeño y no tan grave se vuelva una lesión que puede darte problemas por un largo tiempo. Ya que vas a necesitar tu cuerpo por el resto de tu vida, ¡no vale la pena causarle un daño permanente! Si alguien te pide que juegues cuando estás lesionada no te está respetando a ti ni a tu cuerpo.

Ponte en movimiento

Los niños pequeños se mueven mucho por naturaleza. Sin embargo, una vez que van a la escuela y tienen que empezar a estar sentados más de seis horas diarias, se vuelven menos activos. A menudo, el único momento que tienen para saltar y correr es un recreo muy corto. Por si fuera poco, a medida que los niños crecen, los deportes organizados se vuelven una parte cada vez más importante del juego al aire libre y de educación física. A veces, a los niños que no les entusiasma mucho el deporte dejan de disfrutar mover sus cuerpos y se vuelven más sedentarios. Esto no es saludable y definitivamente no es entretenido.

Aunque no seas una superestrella del básquet, hay muchas formas en las que puedes incluir la actividad física como parte de tu vida:

❋   Prueba deportes individuales o deportes que no requieran la participación de todo un equipo, como correr o jugar al tenis.

❋   Experimenta con actividades que podrías disfrutar, pero que no sean competitivas. El yoga es un buen ejemplo. ¡En el yoga nadie pierde!

❋   Camina. Hay todo un mundo allí afuera por explorar, incluso sin salir de tu barrio.

❋   Practica el senderismo (son caminatas donde hay muchos árboles).

❋   Vuelve a aprender juegos activos que quizás recuerdas de cuando eras más chica, como la mancha o jugar a la pelota. ¡Quizás te convenga no jugar al quemado, que suele herir sensibilidades o cosas peores!

❋   Sugiéreles a tus amigas actividades sociales que impliquen actividad física. Quizás ir a andar en bicicleta juntas o patinar.

❋   Siempre puedes jugar el tipo de videojuegos que requieren que corras en el lugar, saltes o bailes.

❋   Explora formas de ir de un lado a otro que impliquen movimiento, como correr, caminar, andar en patineta o monopatín (siempre con equipo de protección, por supuesto).

❋   Ve a nadar en un día caluroso. Si hace tiempo que no te mueves, nadar es una opción muy buena ¡porque no daña las articulaciones!

❋   Ve al centro comercial. Si, así es, al centro comercial. Pasear por allí puede ser un buen ejercicio. Algunos centros comerciales incluso abren temprano para darles a los caminantes un lugar seguro para moverse.

Agregar algo de movimiento a tu día puede ayudarte a sentirte más feliz y menos estresada durante la pubertad. Quizás se te ocurran más formas divertidas de mover el cuerpo si te pones a pensar. Recuerda: las personas tienen diferentes pesos, alturas, tamaños y formas. Si desarrollas buenos hábitos y cuidas tu cuerpo ahora que eres joven, serás más saludable, y mucho más feliz, mientras creces. ¡La conexión entre la mente y el cuerpo es real!

El bostezo: Las chicas y el sueño

Cuando eras más chica, era más probable que los adultos cercanos te impusieran un horario estricto para ir a dormir. Ahora que eres más grande, tal vez sigas teniendo un horario para acostarte, pero dormir lo suficiente comienza a ser cada vez más tu responsabilidad.

Una chica promedio de tu edad necesita diez horas de sueño por noche para crecer y estar saludable, pero puede que necesites un poco más o menos que eso. Si te cuesta despertarte por la mañana, no te puedes concentrar en la escuela o te quedas dormida en clase, puede que no sea porque estás aburrida, sino que simplemente no estás durmiendo lo suficiente.

Si tienes problemas para conciliar el sueño, una de las cosas que puedes hacer para ayudarte es crear una rutina para la hora de acostarte. Si haces lo mismo todas

CONSEJO RÁPIDO

Si tiendes a despertarte en medio de la noche recordando cosas como: «Oh, no puedo creer que no le dije a la vecina que no puedo cortarle el césped la semana que viene», ten un bolígrafo y un papel cerca de la cama para anotarlas.

Más consejos para dormir bien por las noches

Aléjate de la cafeína en las horas antes de ir a dormir. Es probable que ya sepas que ciertos tipos de gaseosa contienen cafeína, ¿pero sabías que los chocolates también?

Evita las actividades estimulantes. Para algunas chicas, esto puede suponer no ver películas de acción o terror, leer libros emocionantes o jugar hasta alcanzar el próximo nivel de un videojuego, al menos no justo antes de ir a dormir. Todo esto es divertido, pero no te relaja.

Evita discutir u otras cosas que alteren tus emociones justo antes de acostarte.

Arma tu bolso y prepara tu ropa para el próximo día. Si crees que podrías olvidarte de algo (como materiales que necesitas para un proyecto especial), escríbete un recordatorio.

Usa algo que no sea tu teléfono celular como despertador (incluso podrías usar un reloj despertador de verdad, pregúntales a tus padres si no conoces uno) para que no te vuelvas a meter en las redes sociales ni mandes mensajes si te despiertas por la noche y quieres ver qué hora es.

las noches, eso ayudará a que tu cuerpo reconozca que es la hora de ir a dormir. Una rutina para ir a acostarte podría ser algo así: ponte el pijama, cepíllate los dientes, diles buenas noches a tus padres, lee por quince minutos y luego apaga las luces para esperar otro gran día.

Una de las cosas más importantes que puedes hacer para conciliar el sueño más rápido y dormir mejor es ¡apagar las pantallas! Mirar el tipo de luz que proviene de las tabletas o de los teléfonos inteligentes le dice a tu cerebro que se mantenga despierto. Puede ser divertido acurrucarse bajo las sábanas y mandarles mensajes a tus mejores amigas hasta bien entrada la noche, pero cuando esas noches se convierten en mañanas de mal humor, tal vez no valga la pena.

CAPÍTULO 3

Sentimientos y amistades

Sé tú la que manda en tu vida

Con los cambios constantes en tu cuerpo y al parecer en toda tu vida, puede resultar fácil sentirse abrumada por sentimientos muy fuertes. Es muy importante recordar que los sentimientos no son correctos o incorrectos: simplemente son. Por ejemplo, no está mal sentir enojo por algo. El hecho de que sientas enojo te informa algo sobre la situación o sobre ti misma. Puede significar que necesites trabajar en cambiar la situación (si es que puedes), o puede que tengas que trabajar en cómo ves la situación si no quieres continuar enojada. El problema con los sentimientos fuertes solo surge cuando reaccionamos a los sentimientos de una manera que nos lastima o lastima a otros.

Aquí tienes un ejemplo: si tu hermano menor «toma prestado» tu cepillo de dientes para desparramar pegamento sobre sus autos de juguete, sería normal sentir enojo. En ese momento, podrías querer usar su cepillo de dientes para limpiar el piso del baño, pero es probable que hablar con un adulto sobre el problema pueda ser la mejor solución para todos los involucrados.

Por supuesto que, para poder tomar la mejor decisión cuando te vienen esos sentimientos fuertes, necesitas una forma de deshacerte de parte de la energía física y emocional que viene de ellos. De esa manera, podrás actuar en consecuencia en vez de solo reaccionar.

Una forma común en que las chicas trabajan los sentimientos fuertes es hablar con una amiga. ¿Sabías que puedes ayudar a tus amigas a ser mejores oyentes si les comunicas qué tipo de apoyo necesitas de ellas? Por ejemplo, si quieres que tu amiga te preste mucha atención a lo que estás diciendo, pero ella parece distraída, prueba decirle: «Necesito hablar contigo. ¿Podemos dejar nuestros teléfonos por un rato y solo hablar?». O si tienes una amiga que solo da consejos cuando prefieres que te escuche, puedes decir: «De verdad aprecio que quieras ayudarme, pero ahora solo necesito desahogarme». Y si necesitas un consejo, ¡siempre puedes pedirlo de forma directa!

También puedes escribir tus sentimientos. Ya sea un cuaderno debajo de tu colchón, un archivo protegido con contraseña en tu computadora o un libro especial de cuero con candado (sí, los hacen así), escribir puede ser una gran forma de expresión. No solo puede reducir la intensidad de tus sentimientos más fuertes y ayudarte a calmarte antes de tomar una decisión, sino que es una herramienta genial porque puedes volver y leer lo que has pasado y ver cuánto has crecido.

La actividad física también es una buena manera de trabajar en tus sentimientos. Una caminata rápida no solo puede sacarte de la situación por unos minutos, ¡sino que puedes sentirte mucho mejor cuando regresas! Y si alguien puede acompañarte y escuchar tus sentimientos, ten por seguro que te levantará el ánimo.

Nuevas amistades

Y como si no fuera poco con los cambios en tu cuerpo y sentimientos, ¡muchas chicas descubren que esta es una edad en la que tienen que hacer un grupo de amigas totalmente nuevo!

A veces sucede porque vas a una escuela secundaria más grande y las chicas con los que solías andar están en diferentes clases y tienen un cronograma distinto al tuyo. A veces la gente con la que te juntabas cuando eras más chica comienza a hacer cosas que no te gustan y tienes que buscar un nuevo grupo con quien pasar el rato. A veces solo te das cuenta de que tus intereses han cambiado y que ya no tienes nada en común con tus viejas amigas.

Sea cual fuere la razón, hacer nuevas amistades puede ser aterrador, pero, al final, tiene su recompensa.

Tener un grupo de amigas que te apoye te ayudará a atravesar la escuela secundaria y, seamos sinceras, la vida misma. Este es la época en tu vida en que tu familia deja de ser el centro de tu mundo social y tus amigas ocupan ese rol, por eso este es el momento en que

puedes comenzar a desarrollar excelentes hábitos en las amistades, como asegurarte de que las personas con las que estás tengan el mismo tipo de valores que tú. Eso significa que tú y tus amigas les dan la misma importancia a las mismas cosas.

Si te cuesta encontrar y mantener buenas amistades, podrías intentar hacer una lista de las cualidades (por ejemplo, sentido del humor, le gusta hacer las mismas cosas, de buen temperamento) que estás buscando en una amiga. Mira alrededor para ver quién tiene esas cualidades, ¡incluso podría ser alguien que ni siquiera esperabas!

Algunas amistades solo suceden, pero a menudo tienes que hacer un esfuerzo especial para encontrar buenas amigas. Ser amigable (saludar a las personas, sonreír, hacer chistes) es un buen comienzo. Muestra interés en tu posible nueva amiga. Hazle preguntas sobre lo que le gusta y lo que no, cómo le va en la vida o qué tipo de cosas le gusta hacer después de la escuela.

Una forma de consolidar una amistad es hacer cosas juntas además de mirar televisión. Las actividades que no necesitan que interactúen mucho no pueden ayudarte a conocer muy bien a tu amiga; prueba, en cambio, ir al parque, jugar un juego de mesa ¡o construir algo juntas!

Si quieres cambiar de grupo, pues comenzar haciendo algunas amigas nuevas.

Almuerza con alguien nuevo o habla con alguien entre clases, así podrás encontrar cosas en común.

Habilidades para ser una buena amiga

Si bien es natural ser una buena amiga de alguien que te importa, hay habilidades que facilitan ser una buena amiga.

Por ejemplo, todos cometemos errores con nuestros amigos: decimos algo que no queremos decir cuando estamos cansados o enojados, o dejamos que nuestra naturaleza burlona llegue demasiado lejos. Una de las maneras más seguras de lograr que una amistad crezca fuerte es disculparse cuando haces algo que hiere los sentimientos de tu amiga. Es mejor si no dices: «Lo siento, pero…», y luego explicas a la persona por qué está equivocada. Eso no es una disculpa de verdad; ¡es una forma de continuar con la discusión!

Otra cosa que ayuda a que una amistad crezca es hablar en los desacuerdos antes de que se hagan demasiado grandes. Si una amiga te pide prestado un suéter y no lo devuelve cuando lo prometió, es mejor mencionar el asunto la primera vez que lo hace y no esperar a la décima vez y explotar. Puede que ella no sepa que te molesta si no se lo dices.

Otro ladrillo importante en la construcción de una amistad es ser una buena oyente de cosas pequeñas y grandes. Cuando tu amiga tiene un problema, la mayor parte del tiempo no necesita que le des un consejo ni una solución. Es probable que solo necesite que te quedes callada y escuches lo que tiene para decir. A veces esto no es fácil; tu amiga puede querer hablar de una película que a ti te pareció tonta. Interrumpir con un «aburri-dooo» podría hacer que tu amiga se ría la primera vez, pero no te gustará si te lo hace a ti. Si haces el esfuerzo extra de prestar atención a lo que tu amiga tiene para decir, podrías interesarte más en la conversación ¡y decidir que la película no era tan tonta después de todo!

Cuando tus amigas pasen por momentos difíciles, puedes ayudarlas ofreciéndote a hacer tareas que podrían resultarles abru-madoras. Es probable que tengas que ayudarlas a descubrir qué cosa útil podrías hacer. Por ejemplo, si tu amiga se quiebra el brazo y tiene que pasar varios días en el hospital, podrías hacerle este ofre-cimiento: «Podría ayudarte yendo a buscar tu tarea a la escuela o podría traerte algunas revistas para leer. ¿Algo de eso mejoraría tu día?».

Así como tus amigas esperan que estés para ellas durante los momentos estresantes, puedes esperar lo mismo de ellas. Si necesitas ayuda, llámalas. Si ellas necesitan ayuda, hazte presente. Juntas lograrán atravesar todos los momentos desafiantes que pueden aparecer durante el crecimiento.

¿Debo enamorarme sí o sí?

A veces las personas presionan a las chicas en la pubertad para que comiencen a mirar a los chicos de manera diferente o sugieren que la forma en que interactúan con los chicos debe cambiar. En este punto de tu vida, es probable que ya hayas empezado a enamorarte de los chicos o tal vez no tengas ningún interés en este tipo de romance.

Este es un tiempo en la vida en el que exploras las relaciones y comienzas a conocerte a ti misma. No te presiones para comenzar a tener citas demasiado pronto. Si te interesa tener una cita o «salir» con alguien, intenta que sean amigos primero. Prueba con diferentes actividades divertidas donde puedas conocer a esa persona. Ir al cine (una primera cita muy típica) no da

Más consejos sobre el lenguaje corporal y la escucha

Cuando hablas con alguien (una amiga, un profesor, un padre u otro adulto), es importante mostrar que estás escuchando y que no solo estás esperando tu turno para hablar. Puede ser útil esperar unos momentos después de que la otra persona terminó de hablar para comenzar. Esto puede ser difícil a veces si estas entusiasmada por la conversación o nerviosa.

Otra gran forma de mantener la conversación es hacer preguntas. Esto puede surgir de forma natural cuando intentas entender la historia, pero también puedes decir cosas como: «¿En serio? ¿Qué pasó después?» o «¿Y qué dijiste» o «¿Y qué decía el siguiente mensaje?».

Intenta evitar respuestas que suenan aburridas como «ajá» o «mmm», que hacen parecer que estás pensando en otra cosa, ¡incluso si no es así! Parte de ser una buena oyente es aprender a leer el lenguaje corporal. ¡Es probable que ya hagas esto la mayor parte del tiempo! Si una amiga tiene las manos juntas como un ovillo y la cara muy roja, pero dice que está bien, puede que te des cuenta de que sus palabras y acciones no coinciden y deberías hacerle otra pregunta o tratar de consolarla.

¡Tu lenguaje corporal también es importante! Si te mueves, miras para otro lado o juegas con tu teléfono mientras tu amiga, profesor o familiar está hablando, da la sensación de que no estás interesada en lo que tienen para decir. Cruzar los brazos delante de ti da la sensación de que no estás abierta a lo que están diciendo ¡o incluso que estás enojada!

En cambio, acércate a la persona un poco y haz contacto visual mientras habla. No es conveniente mirar fijo a la persona, eso puede parecer extraño. Solo mírala a los ojos de forma natural para que sepa que la estás escuchando.

lugar a la charla, así que podría no ser la mejor forma de conocer a alguien. De hecho, ambos tendrán menos presión si salen con otros amigos (pueden estar de cita o no) para una actividad grupal, en vez de salir solos.

Si sientes mucha presión de parte de tus amigas para comenzar a tener citas antes de estar lista, puede ser de ayuda hacer al menos algunas amigas que vayan a tu misma velocidad en lo que respecta a las relaciones románticas.

La buena noticia es que, ya sea que sientas interés o estés lista para las citas o no, todas las habilidades para ser una buena amiga que estás desarrollando en estos años te ayudarán cuando estés preparada.

Empoderamiento personal

La vida de una chica en plena pubertad puede parecer una montaña rusa. En un momento te sientes súper feliz, pero en el siguiente muy triste. Si a esto le sumamos todos los cambios por los que pasa tu cuerpo y el hecho de que estás tratando de ver cómo hacer amistadas en la escuela secundaria, son un montón de dificultades para manejarlas todas a la vez..

Una dosis de empoderamiento personal saludable (o incluso creciente) durante estos años puede hacer que tus días transcurran más tranquilos, aunque no siempre sean fáciles. El empoderamiento personal es un concepto bastante sencillo; significa tener un sentimiento o sentido de poder propio.

Si tienes un sentido de poder propio, aun así, seguirás teniendo los mismos problemas. Tendrás granos que no puedes controlar, tus amigas pueden resultar no serlo y a veces tu equipo de básquet puede perder.

Pero cuando tienes un sentido de poder propio:

❇ Entiendes que tienes el control sobre ciertas cosas de tu vida.

❊ Eres capaz de hacer cambios cuando esto es posible, de modo que puedes saltar obstáculos o tal vez patearlos.

❊ Cuando no puedes cambiar una situación, encuentras formas de lidiar con la realidad con la que tienes que vivir y no te culpas a ti ni a otras personas porque la vida no siempre es perfecta.

Se supone que los adultos de tu entorno han estado trabajando contigo desde que naciste para desarrollar un sentido de empoderamiento personal. Aquí tienes algunas cosas que puedes hacer para desarrollar esta preciada fuerza:

❊ Lee libros (la ficción es buena, pero la no ficción es incluso mejor) sobre chicas como tú que superaron dificultades y lograron grandes cosas. Presta mucha atención a qué tipo de ayuda tuvieron, cómo utilizaron los recursos a los que tenían acceso y qué hicieron cuando se desanimaron.

❊ Mantén cerca las amistades a las que les guste todo de ti (tu personalidad y quién eres en el mundo) y hazles saber cuánto aprecias tenerlas cerca.

❊ Pasa menos tiempo con amistades que te menosprecian. Hay una de estas en cada grupo; una chica (o un chico o un adulto) que siempre tiene que ser la estrella y que complica la vida de todos porque siempre sabe cómo debería actuar cada uno en cada momento y luego se enoja cuando el mundo no colabora con ella. Esta persona puede ser encantadora y divertida cuando recién comienzan a hacer amigas, pero luego comenzarás a notar que, cada vez que estén en desacuerdo, ¡siempre te convencerá de que eres la culpable!

❊ Aprende a pedir ayuda. Como un director solía decir: «Las bocas cerradas no se alimentan». Nadie puede hacer todo por sí sola, y si así fuera, ¿cuál es la diversión?

❊ Busca actividades que te exijan lo suficiente. A veces es más fácil ser una chica que solo toma las clases en las que sabe que va a sacar la mejor nota o que solo practica el deporte que ha hecho toda su vida, pero si no te esfuerzas por algo un poco más difícil, no crecerás.

✳ Pídeles ayuda a los adultos de tu entorno para descubrir cómo las cosas difíciles en tu vida pueden servirte de desafío o pueden ayudarte a crecer de una manera positiva. Hay un refrán que dice: «Lo que no te mata te fortalece», y parece una exageración. Algunas cosas difíciles que en realidad no te causan un daño físico (como que tus padres se divorcien) podrían cansarte o entristecerte más, no fortalecerte; pero algunos desafíos pueden inspirarte a profundizar y encontrar más entusiasmo o energía.

Notas de una chica real:

Sobre encontrar un adulto con quien charlar:
Tu mamá podría ser una buena primera opción con quien charlar si tienes problemas, pero a medida que creces, puede que sientas que es más fácil hablar con tu hermana mayor, tu profesora favorita, una tía ¡o incluso tu papá!

Consentimiento y límites

A medida que tu vida vaya transcurriendo sin que nadie te esté observando, tendrás que desarrollar tu propia ética y límites.

Un aspecto en el que debes ser muy claro es en tocar a la gente solo cuando tus padres o tutores quieran que lo hagas. Tu cuerpo te pertenece y nadie debe tocarlo sin tu consentimiento. De la misma forma, los cuerpos de otras personas (incluso los de los niños de todas las edades) son suyos, y no debes tocarlos sin su consentimiento. Esto incluye tocar cuando piensas que es una broma, como sujetar a alguien y hacerle cosquillas.

Es muy importante respetar los límites físicos, pero también lo es respetar la privacidad de los demás, que es otra forma de límite. No revises el teléfono o las cosas personales de otra persona si no te ha dado permiso, ni la presiones para que hable o conteste preguntas que no quiere contestar.

Puedes pensar en el cuerpo de otra persona, su espacio, sus pertenencias y sus pensamientos privados como si fueran su pequeña casa que lleva consigo todo el tiempo. Así como no te meterías en la casa de alguien sin golpear y sin preguntar si puedes entrar, debes pedir permiso y esperar que la persona te lo dé antes de entrar en los límites de su casa.

CAPÍTULO 4

¿Qué quieren estas personas de mí?: La vida en casa

Habrás notado que este libro a veces habla de los «adultos de tu entorno», «adultos en casa» o «tutores», además de usar el término más específico «padres». Eso es porque no todas las chicas son criadas por sus padres. A algunas chicas las cría un solo padre, los abuelos, dos mamás, dos papás, familias adoptivas, familias ensambladas, tías y tíos, o alguna combinación de estas. Queremos que esas chicas entiendan que este libro es también para ellas. Cada familia es única y diferente de las demás. Lo importante es que tengas un adulto en tu vida en quien puedas confiar.

Cambias tú, cambia tu casa

Muchas chicas, sin importar cuál sea su situación familiar, dicen que, cuando entran en los últimos años de la preadolescencia, la vida en casa se vuelve mucho más, bueno ¡«interesante» es una forma de decirlo! Es natural que tus amigas se vuelvan más importantes a medida que creces; esta es una parte fundamental del crecimiento. Al mismo tiempo, descubrir cómo llevarte bien con tu familia aunque las cosas cambien es una habilidad muy valiosa. Recuerda: ¡puedes marcar la diferencia en tu hogar!

¡Mi mamá me está volviendo loca!

Quizás te hayas dado cuenta de que, a medida que te acercas a la pubertad, tienes más conflictos con los adultos de tu entorno, ya sean padres adoptivos, abuelos o tíos. A veces este conflicto es sobre ciertos temas, como las actividades después de la escuela, el horario de llegada, las tareas de la escuela, los videojuegos o mirar televisión. A veces parece que el conflicto surge de la nada y te das cuenta de que tus padres te fastidian con solo entrar en la habitación. Esto no es divertido, pero es normal. La tarea de los hijos a medida que crecen es separarse de los padres hasta que sean lo suficientemente independientes como para vivir solos. La tarea de los padres es orientar a los hijos con amor, poner límites y asegurarse de que estén listos para vivir solos cuando llegue el momento.

Entonces si bien los hijos y los padres tienen el mismo objetivo (que el chico esté listo para convertirse en adulto cuando llegue el momento), los chicos y los adultos no siempre están de acuerdo en cómo alcanzar ese objetivo. Ahí surge el conflicto. Sin importar lo irrazonable que parezca el accionar de tus padres o tutores (por supuesto que algunos adultos son más razonables que otros), no los puedes controlar. Sin embargo, puedes controlar tus propias acciones, y a veces esto puede hacer que todo esté mejor en casa. Aquí tienes algunos consejos para mantener una buena relación con los adultos de tu entorno:

❋ Sigue hablando. Si explicas algo una vez y tus padres te miran como si fueras un extraterrestre que cayó a su sala de estar desde una nave espacial, es fácil no decir más nada, rendirte e irte a tu habitación, pero intenta darles a tus padres otra oportunidad. Explícales lo que sientes y lo que esperas de ellos usando diferentes palabras. Pregúntales qué parte entendieron y continúa desde allí. Es probable que tus padres nunca te comprendan por completo, pero si decides no compartir con ellos demasiado temprano, es posible que te pierdas el apoyo que tienen para ofrecer.

❋ Sigue escuchando. Muchas familias tienen la regla de que no pueden dar portazos, y cuando te rehúsas a escuchar lo que tus padres están diciendo porque no estás de acuerdo, es como dar un portazo. Aun si la conversación sigue de forma verbal, no se pondrán de acuerdo.

❋ Recuerda: no solo las palabras pueden herir sentimientos. ¿Alguna vez alguna amiga te frunció el ceño cuando llegaste primera a la escuela por la mañana? Duele, ¿no? Si continúas revoleando los ojos, haciendo caras o frunciendo el ceño a los adultos de tu entorno, reaccionarán de una manera que quizás no te guste.

✳ Aprende a dar una batalla justa. Las chicas van a tener conflictos con los padres (es así), pero algunos conflictos pueden ser positivos si se controlan los temperamentos y se cumplan ciertas directrices. Por ejemplo, evita los insultos. Si estás en medio de una discusión que se está transformando en una pelea, pide un descanso y cálmate, y no tengas miedo de disculparte si heriste los sentimientos de alguien.

✳ Elige tus batallas. No todo tiene la misma importancia, entonces cede sin grandes discusiones en cosas que te importan menos. Tus padres te escucharán con mayor detenimiento cuando saques un tema si no sienten que te vives quejando de cada regla que imponen.

Negociación: El «por favor» no es suficiente

Para poder negociar de forma exitosa con los que son «tus jefes» en casa, es útil tener un conocimiento básico de lo que ellos quieren y necesitan.

Por ejemplo, una de las áreas de mayor conflicto es la hora de llegada. Tú crees que eres mayor para volver muy tarde, pero los adultos de tu entorno quieren que regreses tan pronto como baja el sol.

A pesar de cómo se podría sentir a veces, la mayoría de los padres no ponen un horario de llegada basándose en lo que ellos piensan que te hará más miserable o arruinará de manera más efectiva toda tu vida social; es probable que estén preocupados por tu seguridad o porque duermas lo suficiente para las actividades del día siguiente. Es importante que preguntes cuál es su preocupación específica y que escuches su respuesta.

Para que tu negociación con ellos sea exitosa, tendrás que abordar sus preocupaciones. Por ejemplo, si tus padres saben que estás en una actividad segura, supervisada y acorde a tu edad, es probable que vayan a ser mucho más flexibles sobre tu hora de llegada. Darles más información sobre lo que estás haciendo y a dónde vas, incluso si te parece aburrido hablar de estas cosas con tus padres, podría calmar un poco sus temores. Piensa formas de comunicarte con ellos sobre lo que está sucediendo y asegúrales que estás a salvo, e intenta abrirte a las ideas que sugieren para que puedan encontrar una forma de ponerse de acuerdo con respecto a sus objetivos comunes.

Los padres serán más propensos a ser flexibles sobre la hora de llegada si les muestras que tienes sentido común y un buen plan. Por ejemplo, cuéntales lo que harías si estuvieras en una fiesta y te dieras cuenta de que están bebiendo o si el que te lleva a casa desapareció. Muéstrales cuán serio te tomas tus responsabilidades y tu parte del trato. Por ejemplo, la primera vez que sales despúes

Ofrécete a mandarles un mensaje a tus padres cuando llegas a una fiesta o te vas de ella, o cuando cambias de actividad. Esto los mantendrá al tanto sin que te pierdas un momento de diversión.

de haber acordado una hora de llegada más tarde, vuelve diez minutos antes de lo requerido.

Una nota final sobre la negociación: no pidas excepciones a las reglas en el último minuto ni en frente de tus amigos. Una conversación privada va a ser mejor en la mayoría de los casos, porque tus padres no se sentirán presionados por el público.

Las tareas del hogar

La mayoría de las familias tienen expectativas sobre cómo deben ayudar los niños. Esto puede incluir cosas pequeñas como limpiar la mesa después de la cena, o cosas más grandes como limpiar la casa o incluso ayudar con la granja o tienda familiar. Estas expectativas pueden ser una fuente de conflicto entre las chicas y los adultos de su entorno, en especial si las chicas sienten que ayudar en la casa reduce demasiado su tiempo social.

Por suerte, hay algunas maneras de negociar las tareas del hogar para que todos sientan que están satisfaciendo algunas de sus necesidades.

Si tú y tus padres o tutores se sienten frustrados con el tema de las tareas del hogar, pídeles una reunión familiar para discutir el tema. Prepárate para la reunión de antemano pensando qué áreas deben cambiar y qué compromisos te parecen razonables. Podría ser útil ir preparada con algunas tareas adicionales que podrías estar dispuesta a hacer para ayudar a que la casa funcione mejor a cambio de tener menos responsabilidades en otra área. Por ejemplo, si ayudar con la cena te obliga a llegar a casa rápido después de la práctica deportiva, tal vez podrías preguntar en qué podrías ayudar por la mañana en cambio.

Si los adultos de tu entorno se quejan de que no estás haciendo un buen trabajo con tus tareas del hogar, pídeles más detalles sobre lo que esperan que hagas. Prueba hacer una lista real dividiendo la tarea en partes más pequeñas y marcando cada una de ellas a medida que las haces.

Oh, hermano (o hermana): El arte de ser amiga de los hermanos

¡Los hermanos pueden ser muy exasperantes! Es posible que te enojes si toman algo que es tuyo, entran en tu habitación sin preguntar o te molestan cuando invitas a tus amigos a casa. Puede que tus hermanos o hermanas mayores traten de mandarte y decirte qué hacer, y puede que tus hermanos o hermanas menores tomen tus cosas prestadas o quieran estar contigo todo el tiempo cuando tú solo necesitas un descanso y quieres estar sola.

Una de las cosas más difíciles de las discusiones entre hermanos es que suceden en un espacio cerrado. Cuando discutes con tus amigas, puedes irte a casa y alejarte de ellas, pero cuando discutes con un hermano o una hermana, están en tu casa ¡y es posible que sientas que nunca podrás alejarte de ellos!

Aquí tienes algunas maneras de hacer las paces y mantener la paz entre hermanos:

❊ Ve a caminar o vayan a habitaciones separadas de la casa antes de perder la paciencia en una discusión.

❊ Si se sigue repitiendo la misma discusión, habla con tus padres sobre lo que te molesta. Lo más probable es que puedan darte algunos consejos.

❋ Crea tu propio espacio personal. Aunque compartan dormitorio, reserva un pequeño lugar (aunque sea un rincón de tu dormitorio) que sea todo tuyo. Asegúrate de respetar también el espacio personal de tu hermano o hermana, ya sea su habitación o una parte del dormitorio que comparten. Si haces esto, será más probable que te muestren la misma cortesía.

❋ No hagas cosas que rompan la relación con tus hermanas y hermanos. Esto incluye violencia física (golpear, arrojar cosas), pero también insultos, romper promesas, contar secretos y no respetar las pertenencias y los límites personales.

❋ Trabaja para construir la relación con tus hermanos. Trata de pensar proyectos compartidos que puedan hacer juntos y que creen buenos recuerdos, como trabajar juntos en un álbum de recortes de sus vacaciones familiares o limpiar el sótano para crear un nuevo y divertido lugar de reunión.

Notas de una chica real:

Sobre la mejor manera de hacer las paces con tus hermanos: Encuentra algo bueno que hacer por tu hermano o hermana que no esté relacionado con sus peleas; eso suele funcionar.

CAPÍTULO 5

Tu cuerpo cambiante en el mundo exterior y en la escuela

¿Recuerdas tu primer día en el jardín de infantes? Es posible que hayas estado preocupada de no poder llegar al baño a tiempo, extrañar mucho tu casa o no tener mucho éxito con las tijeras. Ahora que has superado con éxito todos esos desafíos, ¡puede que te resulte un poco frustrante descubrir que cada año en la escuela trae consigo nuevas y mejoradas cosas de qué preocuparte!

La mayoría de los chicos, incluso los mejores estudiantes a quienes las tareas de la escuela les resultan muy fáciles, suelen preocuparse por las calificaciones. Es probable que hayas tenido que ajustar tu forma de pensar sobre las calificaciones a medida que ibas creciendo, ya que es justo el momento en que muchas escuelas pasan de calificar de forma satisfactoria o no satisfactoria a calificar con letras (A, B, C, D) o números. Puede parecer que

todo el concepto de calificaciones es un plan malvado para darles a los adultos y a los chicos una razón más por la cual pelear, pero en realidad se supone que las calificaciones deben medir cuánto has aprendido. Esa es una de las principales razones por la cual los adultos de tu entorno quieren que obtengas buenas calificaciones: quieren saber que estás aprendiendo algo en la escuela. Sin embargo, las calificaciones son solo una forma de medir cuánto has aprendido y no son perfectas.

Las calificaciones solo reflejan un cierto tipo de aprendizaje, de modo que si eres una chica que tiene dificultades con las tareas escolares o tienes que esforzarte mucho para obtener el tipo de calificaciones que otros estudiantes parecen obtener con facilidad, eso no significa que no seas inteligente. Tener dificultades con los deberes escolares no convierte a nadie en «tonto»; no dejes que nadie te diga lo contrario. Si la escuela no te resulta tan fácil, puedes estar segura de que tienes habilidades especiales en alguna otra área, aunque aún no las hayas descubierto.

Es cierto que la vida escolar para las chicas en los grados superiores de primaria o secundaria puede ser difícil en algunos aspectos, pero también suceden cosas emocionantes. Seguramente tienes un poco más de libertad, como poder elegir algunas de tus clases o incluso profesores. Es posible que tengas clases más divertidas que te brinden oportunidades para hacer cosas como aprender a tocar un instrumento. Además, puede que tengas nuevas oportunidades de juntarte con otros estudiantes, aprender cosas juntos, desarrollar algunos de tus talentos ¡e incluso descubrir algunos nuevos que ni siquiera sabías que tenías

Estudiar es una habilidad

Aunque algunas chicas, por naturaleza, son mejores estudiantes que otras, todas pueden mejorar su desempeño en la escuela si adquieren buenos hábitos de estudio. Las habilidades que necesitas para ser una buena estudiante se denominan (como era de esperar) «habilidades de estudio», y existen libros enteros, clases y sitios web diseñados para enseñar a los chicos cómo desarrollarlas. Sin embargo, aún sin leer un libro completo, hay algunos pasos sencillos que puedes seguir para mejorar tu forma de estudio:

❊ La habilidad de estudio más importante es saber qué se supone que debes estudiar. Por eso, un pequeño cuaderno de tareas o un calendario puede ser muy útil. Tal vez escribir todas las tareas que te han dado y luego tacharlas cuando las has terminado no parece una ciencia, pero usar una lista de «cosas por hacer» te permite usar tu capacidad mental para hacer los problemas de álgebra, ¡en lugar de tratar de recordar cuáles se supone que debes hacer!

❊ Una forma de prepararte para la clase es poner a trabajar tu cerebro incluso antes de que comience la clase. Mientras sacas tu tarea o entras en el aula, intenta pensar en el tema que estás a punto de estudiar. Puede que pienses: «¡Uf, ya es bastante malo pensar en matemáticas en la clase de matemáticas!». Aun así, si preparas tu mente para lo que se

CONSEJO RÁPIDO

Si tienes problemas en la escuela, siempre puedes recibir ayuda de:
❊ Tu profesor después de clases
❊ Campamentos de verano
❊ Grupos de estudio extraescolares
❊ La biblioteca de tu barrio
❊ Un adulto en casa

avecina, podrás ponerte a ritmo de inmediato en lugar de perderte información importante mientras cambias de marcha.

❇ Sé una oyente activa. Mientras el profesor habla, piensa en cómo encaja la información con lo que ya has aprendido o cómo podrías usarla en tu vida diaria. En algunas clases, es posible que debas tomar apuntes; ¡esta puede ser una excelente manera de mantener tu mente concentrada!

❇ Si tienes problemas para concentrarte en tus estudios, usa un cronómetro (puedes usar un cronómetro de cocina o el reloj del microondas) para ayudarte a desarrollar tus habilidades de «no distracción». ¿Detestas la ortografía? Prométete que no harás nada más que estudiar tus palabras de la clase de ortografía durante veinticinco minutos, luego configura el cronómetro. Cuando hayas terminado de estudiar, recompénsate con un rato de descanso o con tu programa de televisión favorito.

❇ Procura dormir lo suficiente y desayunar durante la semana escolar. Si hay dificultades en casa que te impiden hacer estas cosas, habla con tus padres sobre la situación o menciónaselo a tu profesor o consejero.

❇ Desarrolla una rutina de estudio, como un lugar determinado en el que siempre estudies y donde tengas todos los materiales que necesitas (papeles extra, bolígrafos, etc.). A menos que realmente debas usar la computadora para la tarea, elige un lugar lejos de internet. Ver un video más en YouTube de alguien que enseñó a su perro a usar un yoyó siempre te parecerá más interesante que álgebra.

❇ No hagas que las tareas escolares sean más estresantes posponiéndolas hasta el último minuto posible. Muchas veces posponemos una tarea porque nos parece abrumadora. Si esto es así para ti, intenta dividir la tarea en partes más pequeñas y luego trabaja en una parte a la vez.

Un cuestionario rápido:
¿Qué sabes sobre las calificaciones?

Incluso los chicos inteligentes a veces pueden obtener malas calificaciones o tener dificultades en la escuela. ¿Verdadero o falso?

Respuesta: ¡Verdadero! Las calificaciones que ves en tu boletín de calificaciones NO significan «tonto» o «inteligente». Hay muchos tipos de inteligencia. Si la escuela no te resulta tan fácil, puedes estar segura de que tienes habilidades especiales en alguna otra área lugar, aunque aún no las hayas descubierto.

Si obtienes una mala calificación en una materia, solo desiste, abandona la escuela y múdate a Australia; no hay nada que puedas hacer para cambiarlo. ¿Verdadero o falso?

Respuesta: ¡Falso! Que obtengas bajas calificaciones en una materia no significa que no seas buena en esa materia, o que tu calificación en esa materia tenga que ser siempre baja. Habla con tu profesor sobre lo que tienes que hacer para subir la nota.

Te deben gustar todas las materias por igual. Si no te gustan las matemáticas y la ortografía por igual, hay algo muy muy malo en ti. ¿Verdadero o falso?

Respuesta: ¡Falso! Es normal tener algunas materias que te gusten y otras que no. Después de todo, ¿no te han estado preguntando los adultos cuál es tu materia favorita desde el jardín de infantes? De hecho, si haces primero la tarea para las clases que menos te gustan, ¡puedes usar la tarea de las clases que más te gustan como recompensa para ti!

❋ Si descubres que siempre estás viendo ciertos sitios web «solo una vez más» antes de comenzar tu tarea de la escuela, considera la posibilidad de usar una extensión de navegador que bloquee tu acceso en línea a esos sitios durante un cierto período de tiempo. Esto hará que tu cerebro deje de pensar en ir a esas páginas y comience a pensar en tu próximo examen de historia.

Cómo obtener la ayuda que necesitas: Problemas de aprendizaje

Algunas chicas aprenden mejor leyendo información de un libro, otras chicas aprenden mejor haciendo un experimento y a otras les puede parecer más fácil entender la información si la escuchan en una canción o en un pódcast.

Si bien todas las niñas aprenden a su manera, algunas chicas experimentan desafíos específicos en el aprendizaje llamados problemas de aprendizaje. Un problema de aprendizaje hace que sea más difícil para el cerebro trabajar con la información. Tener un problema de estos no significa que no seas inteligente, sino que necesitas ayuda especial para aprender. Puede que necesites medicamentos para aliviar algunos de los síntomas de tu problema de aprendizaje, más tiempo para hacer los exámenes o un profesor con formación específica que pueda ayudarte a descubrir las mejores estrategias para ti.

Ciertos problemas de aprendizaje también pueden afectar la forma en que hablas y juegas con otros chicos porque puede que tengas dificultades para entender lo que quieren decir. Por ejemplo, es posible que algunas chicas no sepan distinguir cuándo otros chicos están bromeando y cuándo están hablando en serio.

Hay muchas maneras en que las escuelas y las familias pueden apoyar a las chicas con problemas de aprendizaje. Cada chica con problemas de aprendizaje debe tener algo llamado Programa de Educación Individual (IEP, por sus siglas en inglés), que describe el tipo de apoyo y ayuda que recibe en la escuela. En un IEP todas las personas involucradas en ayudar a la niña a aprender se sientan juntas y elaboran el mejor plan. Si te diagnostican un problema de aprendizaje, puedes contribuir a la redacción de tu IEP. Deberás hablar con los adultos sobre lo difícil que te resulta aprender y lo que lo hace más fácil. Puede que no sea fácil si recién te estás empezando a acomodar a la idea de tener un problema de aprendizaje, pero aprender a defenderte (es decir, a luchar por lo que necesitas) ¡es una habilidad valiosa que toda chica debe desarrollar!

Si tienes un problema de aprendizaje que dificulta algunos tipos de tareas escolares, es importante que recuerdes todas las demás cosas que haces bien. Una chica que tarda mucho en terminar un examen de matemáticas podría leer más rápido que todos los de su grado, mientras que una chica que tiene problemas para conversar de manera informal con sus compañeros de clase podría completar proyectos rápidamente ¡o aprender química sin ningún esfuerzo!

A veces, los adultos u otros chicos sienten curiosidad por las clases especiales que tienes. Que alguien te haga una pregunta no significa que tengas que responderla. Aparte de las personas que necesitan saber (tus profesores) o las personas que quizás quieras conocer (como un amigo o dos que te apoyen), no tienes que decirle a nadie cómo funciona tu cerebro. Si te gustaría explicar tu problema de aprendizaje a personas que pueden ayudarte a defenderlo, pídele a uno de tus profesores de IEP que te ayude a escribir una breve explicación. No tienes que compartirla, pero al menos la tendrás a mano en caso de que la necesites.

Llévate bien con los profesores

Algunos profesores que conocerás durante tu paso por la escuela serán increíbles. Es posible que sientas que se preocupan por ti o que realmente te entienden. Ese tipo de situación suele facilitar el aprendizaje, aunque no siempre sea divertido.

Por otro lado, tarde o temprano te vas a encontrar con un profesor con el que será más difícil. Puede que sientas que no le agradas al profesor, que no te comprende o que es demasiado estricto. Si bien es normal tener algunos profesores que te gustan y otros que no, si tu relación con tu profesor te impide aprender, hay algunas cosas que puedes hacer para mejorar la situación.

Dado que solo puedes cambiar tu propio comportamiento, es mejor si te fijas en eso primero. ¿Llegas a tiempo? ¿Haces tu tarea? ¿Eres respetuosa? ¿Haces preguntas cuando no entiendes algo? Si respondiste que no a alguna de estas preguntas, primero intenta cambiar tu propio comportamiento.

Si tu profesor tiene algunas cosas que no tolera (comportamientos específicos que lo molestan o fastidian), ¡llevarse bien puede ser tan sencillo como no hacer esas cosas! Sin embargo, si necesitas plantearle un problema a un profesor, hazlo después de clase. La mayoría de los profesores están más relajados cuando están solos que cuando están lidiando con un salón de clases repleto de niños.

A veces puede parecer que el problema es el profesor, cuando la verdadera dificultad es que la materia que enseña no te gusta o te cuesta mucho. Si la clase te resulta difícil, asegúrate de que el profesor sepa que estás dando lo mejor de ti. Habla con tus padres u otros adultos en casa sobre el problema. Pueden ayudarte a programar una reunión con el profesor para poder encontrar una solución.

Por último, en una situación como esta, es importante comprender que incluso si no conectas con facilidad con tu profesor, no es necesariamente culpa de alguien. Algunos profesores te van a gustar más que otros, al igual que algunas personas te van a gustar más que otras. Puede que no sea divertido, pero puedes aprender habilidades valiosas sobre cómo llevarse bien una vez que aprendes que no tiene que agradarte un profesor para aprender de él.

No se trata solo de libros: Tú y las actividades extracurriculares

En general, a medida que creces, encontrarás cada vez más tipos de actividades organizadas para antes y después de la

CONSEJO RÁPIDO

Si no te gusta una materia, como Ciencias, pregúntale a un compañero de clase a quien parece gustarle por qué le gusta. Esto podría darte una nueva manera de ver las ciencias, así como una forma completamente nueva de mirar a esa chica que le encantan las ciencias y se sienta delante a ti

escuela. Estas actividades pueden ofrecerse a través de la escuela, a través de una organización comunitaria como un centro recreativo local o una biblioteca, o a través de tu casa de fe (iglesia, sinagoga o mezquita). Estas actividades pueden ser excelentes oportunidades para aprender cosas nuevas, practicar habilidades, conocer chicos nuevos y aprender a trabajar en grupo.

Es importante recordar que, aunque todavía seas una niña (o estés entre ser una niña y una adulta), tu tiempo es muy valioso. Si participas de una actividad opcional, debe ser porque la disfrutas. Por supuesto que cualquier actividad en la que participes tendrá algunos aspectos que no son tan divertidos. Nadie espera que saltes de alegría por dar vueltas corriendo para prepararte para la temporada de básquet, y es posible que prefieras no asistir a todos esos ensayos adicionales que tiene el coro cuando se acerca la hora del concierto de invierno, pero si no disfrutas de estar en el equipo de básquet o detestas todo lo relacionado con el coro, tal vez prefieras dejarlo.

Aquí tienes algunos consejos para hacer que tus actividades extracurriculares sean más especiales:

❈ No te tomes las cosas demasiado en serio. Participar de actividades extraescolares organizadas puede ser una excelente manera de desarrollar la autodisciplina y aprender a dar lo mejor de ti misma, incluso cuando no tengas ganas. Sin embargo, si estás demasiado concentrada en el logro y en ganar en lugar de solo divertirte, te perderás gran parte de la experiencia. La vida ya te pone presión en muchos momentos, ¡no le agregues más!

❈ Cumple con tus tareas escolares. Los profesores dicen que el trabajo después de la escuela puede contribuir a que los chicos obtengan calificaciones más bajas y estén muy cansados en la escuela. Si de verdad quieres trabajar a medida que creces, lo mejor para tu tarea escolar es que elijas trabajos en los que puedas decidir cuándo trabajar (como cuidar niños) o trabajar horas muy limitadas, como los fines de semana o solo una o dos noches a la semana.

❋ Combina. Participa de algunas actividades que requieran un esfuerzo físico y otras que requieran más capacidad intelectual que fuerza muscular. Este es el momento de probar muchas actividades diferentes para que puedas descubrir lo que te gusta.

❋ Usa actividades extracurriculares para explorar opciones profesionales, pero no te apresures a decidir. Si crees que quieres ser médica o enfermera, sería genial que te ofrecieras como voluntaria en el hospital de tu barrio cuando tengas edad para ello. La experiencia de la vida real podría ser suficiente para decirte: «Genial, esto es exactamente lo que amo» o «¡Vaya, ya no puedo soportar el olor a hospital! Al mismo tiempo, el hecho de que no pudieras soportar los olores del hospital a los trece años no significa que no lo soportarás cuando vayas a la universidad. ¡Tienes mucho tiempo para crecer y explorar!

❋ Cuando busques actividades para probar, piensa más allá de la popularidad. No tienes que ser buena en los deportes o como porrista para hacer buenas amistades. Intenta anotarte en actividades que te atraigan.

❋ Dedica tiempo a relajarte. Pasar el rato con tus amigas es una parte importante del crecimiento. Todos, en especial los adolescentes, necesitan tiempo para relajarse sin la presión de alguna actividad estructurada.

Actividades no deportivas

¿No te gustan los deportes? ¡Ningún problema! Prueba con esto:

❋ Escribe para el periódico escolar.

❋ Toma fotografías para el anuario.

❋ Juega al ajedrez en el equipo de ajedrez de la escuela o en el club de ajedrez.

❋ Canta en el coro.

❋ Actúa en la obra de teatro de la escuela (o haz el decorado o el vestuario).

❋ Preséntate en las elecciones estudiantiles.

❋ Ayuda a organizar bailes u otras actividades divertidas (muchas escuelas tienen un comité social para cosas como esta).

❋ Aprende a manejar y reparar los equipos electrónicos en el club de multimedia.

❋ Aprende sobre otra cultura e idioma en un club de inglés, por ejemplo.

❋ Realiza una rutina de comedia en el concurso de talentos de la escuela.

❋ Toca un instrumento musical.

❋ Ofrécete como tutora voluntaria de alguien que necesita ayuda.

❋ Trabaja como voluntaria en un equipo deportivo llevando la puntuación o ayudando al entrenador.

Vístete para el éxito

Es probable que tus padres estén comenzando a darte un poco más de opciones sobre qué tipo de ropa quieres usar, y puede que incluso estés comenzando a desarrollar tu propio estilo personal. Puede ser muy divertido experimentar con diferentes modas y ver cuál te queda mejor. Hay muchos tipos diferentes de moda, y eso significa que cada chica debería poder encontrar un estilo que se adapte a ella.

Por ejemplo, algunas chicas son amantes de la moda, lo que significa que les gustan los últimos estilos y tendencias. Algunas chicas son informales y optan por *jeans* y camisetas todos los días, mientras que otras son más conservadoras y buscan lucir elegantes, pero de una manera más adulta. Algunas chicas nunca se quitan los pantalones de ejercicio, ¡ni siquiera para ocasiones especiales! Cada una de estas opciones de moda es excelente, aunque ten en cuenta que hay algunas trampas de la moda que debes considerar.

Por ejemplo, si optas por unos *jeans* con un montón de rasgaduras o pruebas ese estilo en el que los *jeans* son tan ajustados que no puedes moverte, estás enviando un mensaje a quienes te rodean. Del mismo modo, usar traje y corbata o un vestido de fiesta todos los días también envía un mensaje. El truco está en hacer coincidir tu ropa con el mensaje que quieres transmitir.

No estamos diciendo que sea justo que otras personas te juzguen por tus elecciones de ropa y apariencia personal, pero, por desgracia, la gente lo hace. Cuando te vistas por la mañana, pregúntate: «¿Qué dice mi ropa sobre mí?». Si crees que las personas pueden estar recibiendo el mensaje equivocado, cambia el canal cambiando tu estilo.

CAPÍTULO 6

Mantente a salvo en la vida real y más allá

A lo largo de este libro, hemos mencionado que todas las chicas experimentan cambios sociales que van de la mano con los cambios físicos de la pubertad. Este es el momento en que las chicas se relacionan más con sus amigos y menos con sus padres y familiares. Puede parecer extraño estar menos conectada con tus padres o abuelos, pero a medida que vas creciendo, lo más probable es que encuentres formas de relacionarte con ellos que reflejen la persona adulta en la que te estás convirtiendo en lugar de la niña que solías ser.

Interacciones con adultos

Es posible que no te sientas tan unida a los adultos en casa como antes, y eso es normal, pero trata de no aislarlos de tus emociones. Tal vez tu mamá no sea la primera persona con la que hables sobre un problema menor en la escuela, pero aún

puedes compartir parte de tu día con ella. Estas interacciones diarias serán los cimientos para cuando necesites un apoyo más importante y para su futura amistad adulta.

Aunque te estás separando de tus principales cuidadores adultos, esto no significa que necesites menos a los adultos de tu entorno. De hecho, ahora es aún más importante que tengas adultos sólidos y confiables a tu alrededor que puedan apoyarte.

¿Cómo encuentras adultos con los que no solo sea seguro pasar el tiempo, sino que también te apoyen de una manera que te ayude a crecer y te impulse a dar lo mejor de ti? La mayoría de estas personas entrarán en tu vida de forma natural: un profesor, un pariente, un entrenador o alguien que trabaje en tu casa de fe (iglesia, sinagoga o mezquita). También puedes relacionarte con los padres de una amiga, una tía o un abuelo, o con un mentor que esté en la escuela secundaria o en la universidad. También hay programas de mentorías para jóvenes en muchas áreas que conectan a adultos bien seleccionados con chicos que necesitan mentorías, tipos específicos de apoyo o que están interesados en una carrera en particular. Si esto se parece a algo que te gustaría, pregúntale al consejero vocacional de tu escuela sobre los programas que podrían estar disponibles en tu localidad.

Cuando entablas una amistad con un adulto, las reglas de comunicación pueden ser diferentes de las que tendrías con tus amigos. A muchos adultos no les gusta estar conectados en las redes sociales con los jóvenes con los que trabajan, o es posible que tus profesores solo acepten solicitudes de amistad de antiguos alumnos, no de los actuales. Esto es solo para proteger tu privacidad y la del adulto; casi nunca es algo personal. Además, los adultos pueden o no querer enviarte mensajes de texto sobre planes y para intercambiar información. Dependiendo (en cierta medida) de la edad del adulto y (en mayor medida) de su familiaridad con la tecnología, es posible que no puedas usar los emojis o las abreviaturas de texto más recientes. Y asegúrate de dirigirte al adulto en cuestión como lo harías en persona (por ejemplo, Sra. o Dr.) cuando envíes un mensaje de texto o correo electrónico.

Cuando te relaciones con los adultos de tu entorno, deberás tener en cuenta tu propia seguridad personal. Este es un punto muy muy muy importante para recordar: no es la posición del adulto (profesor, sacerdote) o su relación contigo (tía, padre de una amiga) lo que lo hace seguro para que pases el tiempo con él; los niños a veces son lastimados por las mismas personas que deberían protegerlos. Lo que hace que un adulto sea seguro es que siempre respeta tus límites.

Los adultos que te ayudan en la escuela o en actividades extra-curriculares o son parte de tu familia no deben pedirte que guardes secretos sobre tu amistad con ellos, y tu amistad con un adulto debe ser diferente a la que tienes con personas de tu edad.

Con suerte, ya te han dicho demasiadas veces que tu cuerpo es tuyo y que nadie tiene derecho a tocarte de una manera que te confunda, entristezca, incomode o asuste. Nadie (excepto a veces un médico en su consultorio) debe tocarte en ninguna parte de tus zonas íntimas (las que, por lo general, están cubiertas por un traje de baño). Incluso si esa persona es alguien que tu familia conoce, un pariente o alguien que es muy amable contigo o te presta especial atención, aun así, no tiene derecho a tocarte en esas áreas. Si alguien trata de tocarte de una manera que no te parece correcta, no es tu culpa. Nunca es tu culpa que un adulto no respete tus zonas íntimas, aunque diga que lo es. Si esto te sucede, debes decírselo a tus padres o a otro adulto de confianza lo antes posible.

Camarillas y chicas malas

**«Los palos y las piedras pueden romperme los huesos,
pero las palabras nunca me lastimarán».**
*Algo que a veces dicen los padres
y que las chicas saben que no es cierto.*

¿Te despertaste una mañana y de repente te encontraste con un grupo llamado «las populares» que antes no existía? El final de la escuela primaria y el comienzo de la secundaria es el momento en que los grupos de chicas a menudo comienzan a dividirse en camarillas.

Es de esperar que a esta edad se «agrupen», ya que las chicas se juntan con otras chicas que tienen intereses similares. Un grupo de amigas que viaja en manada porque las chicas del grupo tienen cosas que les gusta hacer en común (como coleccionar cómics o andar en patineta) podría no ser realmente una verdadera camarilla. Lo que hace que las camarillas sean peligrosas es que algunas de sus miembros no permitan que otras chicas participen de una actividad, sobre todo si hay acoso y burlas de por medio.

Es raro que una chica pueda llegar a la escuela secundaria sin sufrir algunos días difíciles debido al acoso y las burlas. Una cosa muy importante para recordar es que cuando las camarillas existen solo para mantener alejadas a ciertas chicas, ya no se trata de socializar y de amistad, sino de poder y control. Todo el mundo se siente inseguro a tu edad, y las chicas que dirigen las camarillas más malas suelen ser las que se sienten más inseguras y tratan de sentirse mejor controlando a otras chicas.

Saber esto no ayuda mucho, ¿verdad?, sobre todo cuando los adultos te dan consejos como: «Solo ignóralas, dejarán de burlarse de ti si ven que no te molesta», lo cual puede ser cierto (tal vez, con el tiempo), pero es muy difícil de hacer cuando estás atrapada en la parada de autobús durante veinte minutos con alguien que acaba de inventar trece rimas diferentes para insultarte.

La crueldad de las chicas entre sí es algo que los científicos han intentado estudiar (en serio, es verdad). Ellos han descubierto dos cosas que ayudan a proteger a las chicas de los efectos de las burlas: no culparse a sí mismas por las burlas y tener un grupo de amigas que las apoye.

Notas de una chica real:

Sobre qué hacer si a alguien no le gusta tu estilo:
Ignóralo. ¡No cambies tu estilo solo porque a alguien más no le gusta!

Presión de grupo

Parte de lo que hace que el acoso escolar y las «chicas malas» sean tan efectivos es lo poderosa que puede ser la presión de los compañeros. La presión de grupo no siempre se parece a la típica escena de una película cursi hecha por adultos en la que los niños se sientan en círculo y se dicen unos a otros: «Vamos, todos lo están haciendo». La presión de grupo puede ser muy sutil. Muchas de las decisiones que tomas todos los días pueden verse influenciadas por la información que obtienes de tus compañeros y por las cosas que los ves hacer. Por ejemplo, piensa en cómo tomaste la decisión de ponerte la ropa que

Trata de ser amigable con todos, ya sean populares o no. De esa manera, siempre conocerás a alguien cuando llegues a una clase o camines por el pasillo. Nunca estarás sola.

tienes puesta en este momento. Con suerte, querer estar cómoda fue parte de tu decisión, pero es probable que también haya habido muchos otros pensamientos, ¡entre ellos, lo que pensarían tus amigas!

Por esta razón, los adultos siempre te recuerdan lo importante que es elegir bien a tus amigas. La forma en que tus amigas actúan, hablan, visten, estudian (o no estudian) tiene el potencial de influir en la forma en que tú actúas, hablas, vistes y, bueno, ya entiendes la idea.

Entonces, obviamente, elegir con cuidado a tus «pares» es el primer paso para asegurarte de que la presión de grupo no sea algo negativo en tu vida. También hay otras medidas que puedes tomar para ayudar a contrarrestar la presión de grupo, por ejemplo:

❋ Practica decir que no cuando no sea muy importante. Esto te ayudará a que te vean como alguien que no se deja llevar por el grupo. A menudo, las chicas dejarán de presionarte si saben que no vas a ceder, porque las hace parecer tontas.

❋ Si te estás anticipando a una situación en la que podrías estar bajo mucha presión de parte de tus compañeras para hacer algo que no quieres hacer, piensa ideas sobre las formas en que puedes lidiar con eso. ¡Incluso puedes pedirle a alguien que practique contigo!

❋ Procura que no te encuentren sola. Si sabes que te resulta difícil decir que no quieres faltar a clase con un grupo de otros estudiantes de tu grado, habla con otra amiga que podría sentirse presionada por esto. Pónganse de acuerdo y sean compañeras de presión (puede que se te ocurra una forma mejor de decirlo) para ayudarse a resistir la tentación.

❀ No tienes que dar una respuesta detallada para cada decisión que tomes. A veces, solo con un «No, gracias» y nada más puede ser una forma poderosa de comunicar que la conversación ha terminado. Recuerda: ¡«No» es una oración completa!

❀ Si tienes problemas para decir que no, recuerda a qué le estás diciendo que sí. Por ejemplo, decirle no a un cigarrillo es decirle sí a un aliento fresco y a unos pulmones sanos.

❀ Lo que más puede ayudarte a lidiar con la presión de grupo es sentirte segura de ti misma y de tus habilidades. A medida que te involucres y encuentres cosas en las que eres buena, te sentirás más capaz de resistir la presión porque sabes más sobre quién eres y qué quieres en la vida.

❀ Por último, recuerda que incluso los adultos sufren la presión de grupo, por lo que, aunque aprender a manejarla ahora puede ser difícil, valdrá la pena en el futuro.

Acoso y burlas: Cómo protegerte

A veces, las camarillas y las chicas malas van más allá de molestar y su comportamiento se convierte en un acoso directo. Estás siendo acosada si otros niños en la escuela dicen y hacen cosas que te hacen sentir insegura, ya sea de forma emocional o física. El acoso puede tomar muchas formas: puede ser alguien que te envía mensajes de texto malintencionados, puede ser alguien que amenaza con golpearte, o incluso pueden ser algunos supuestos amigos que te piden que hagas cosas que sabes que no debes hacer. Si esto sucede, lo primero que debes hacer es decírselo a un adulto de confianza.

Si ese adulto no te ayuda, díselo a otro adulto. Si ese adulto no puede ayudar, pídele a alguien más. Puede ser difícil, pero debes creer que vale la pena el esfuerzo y que no mereces sentir miedo en la escuela, en tu comunidad o en casa.

Además de pedir ayuda a un adulto, intenta buscar apoyo con tus amigos. No mantengas en secreto lo que te está pasando. Si un chico o un grupo de chicos te están acosando, puedes apostar que también están acosando a otros chicos. Tal vez puedas comenzar un club contra el acoso escolar en el que todos los niños de tu clase tengan a alguien con quien caminar a casa, o tal vez puedas crear una mesa «segura» en la cafetería que permita que cualquiera que quiera sentarse allí se siente. Recuerda, no estás sola. Al darles a tu familia y amigos la oportunidad de ayudarte, les estás dando la oportunidad de demostrarte cuánto te aman y se preocupan por ti.

Un tema más del que tenemos que hablar antes de dejar el tema de los acosadores y el acoso es cómo no ser una acosadora tú misma. La mayoría de los chicos que son acosadores han sido víctimas de acosadores en el pasado, y continuar con esa actitud cruel y atormentadora es la forma en que intentan sentirse mejor. A veces, las chicas piensan, de manera errónea, que se están divirtiendo sin dañar a nadie, cuando el objetivo de su atención no es para nada divertirse.

Cada vez que cruzas los límites de alguien (ya sea que esa persona sea un chico o una chica), estás actuando como una acosadora. Por ejemplo, así como tú tienes derecho a decidir quién toca tu cuerpo, todos los demás tienen el mismo derecho. No es necesario que golpees o pegues a alguien para que el contacto no sea deseado; besar, sujetar a alguien o hacerle cosquillas cuando no quiere que le hagas cosquillas son ejemplos de esto. Debes tener especial cuidado con esto cuando la cantidad de poder que tienes es mayor que la cantidad de poder

CONSEJO RÁPIDO

La mejor manera de no caer en la tentación de culparte porque te molestan es concentrarte en todas tus buenas cualidades y valorarte como persona. Encontrar y desarrollar tus talentos y habilidades puede ayudar mucho con esto, al igual que aprender a hablar contigo misma y sobre ti misma de manera positiva.

que tiene la otra persona. Por ejemplo, puede ser más difícil decirle que no o basta a alguien más grande, mayor o que tiene más amigos a su alrededor.

Si otros estudiantes en la escuela parecen tenerte miedo, hacen todo lo posible para evitarte, o si tienes la sensación de que recibes más miedo que respeto de otros chicos en tu clase, es posible que hayas caído en el patrón de comportamiento de una acosadora. Pregúntale a un adulto de confianza si hay alguien con quien puedas hablar para que te ayude con este comportamiento y a tener amistades saludables.

A veces puedes terminar comportándote como una acosadora solo porque andas con chicas a las que les gusta atormentar y molestar a otros niños. Una vez que observas que alguien les hace cosas malas a otros estudiantes, comienza a ser más fácil que tú las hagas. Pídele a un profesor o a otro adulto de confianza que te ayude a diseñar un plan de escape del grupo de amigas no tan increíbles.

Seguridad personal: Mantén esos límites

No es divertido escuchar a los adultos hablar una y otra vez sobre lo peligroso que es todo. Seamos realistas, chicas, no todo en el mundo es peligroso, y, desde luego, no todos en el mundo quieren hacerles algo malo a los niños. Sin embargo, para sentirte segura y protegida, debes desarrollar ciertas habilidades que te ayuden a reconocer comportamientos seguros e inseguros, y debes marcar buenos límites entre tú y el resto del mundo.

Otra cosa que los adultos y otros niños pueden hacer que traspasa los límites es acceder a información privada sin permiso. Por ejemplo, si una amiga toma tu teléfono y lee tus mensajes de texto, está cruzando un límite porque no está respetando tu derecho a la privacidad. Puedes decirles a tus amigas que este comportamiento no te parece bien y también puedes ayudar a las personas de tu

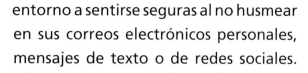

entorno a sentirse seguras al no husmear en sus correos electrónicos personales, mensajes de texto o de redes sociales. Si te preocupa que haya algo que tu amiga esté haciendo o diciendo a tus espaldas, descubrirlo leyendo sus mensajes privados no ayudará a la amistad. Si hablas con ella de lo que te preocupa, aunque lo que diga hiera tus sentimientos, lo entenderás de manera mucho más clara y podrás seguir adelante.

Hay cosas que puedes hacer en el mundo que te ayudarán a mantener tus límites. Por ejemplo, por supuesto que no debes hablar con extraños, ni subirte a un automóvil con alguien que no conoces bien, ni aceptar regalos de adultos que no conoces. También debes asegurarte de no dar ninguna información personal tuya a personas que no necesitan esa información. Esto incluye información que puedes brindar de forma electrónica, por ejemplo, completando formularios para participar en concursos o publicando información personal en línea.

Si estás sola en casa después de la escuela o mientras tus padres están en el trabajo, es mejor no difundir este hecho. Siempre pide ver la placa o la tarjeta de identificación de cualquier persona que llame a la puerta, como un oficial de policía o alguien que repara el gas; incluso puedes verificar la placa a través de la mirilla, ¡para eso sirve! Siempre consulta con tus padres para ver si están esperando a alguien antes de abrir la puerta. Si tienes dudas, no la abras; solo dile a quien sea que regrese en otro momento.

Construye una gran reputación y mantente segura

Cada vez que escuchas a un adulto decir: «Mmm, esa persona se ha ganado una reputación», sabes que casi seguro no significa nada bueno. Sin embargo, así como puedes ganarte una reputación con otros chicos en la escuela, también puedes construir una buena reputación con tus acciones cotidianas. Aunque no puedes controlar lo que los demás dicen de ti, puedes tomar medidas para construir y proteger una buena reputación.

¿Por qué debería preocuparte tu reputación? Una buena reputación es importante porque ayuda a que la gente confíe en ti. Una chica con buena reputación tiene una ventaja porque los adultos y sus amistades esperan que sea responsable y servicial, en lugar de esperar que se comporte de forma negativa o destructiva.

Construir una buena reputación consiste en demostrarles a las personas que te rodean que tienes un buen carácter. Hay muchas cosas que forman parte de un buen carácter, pero las siguientes son algunas de las más importantes:

❋ Sé sincera con tus amistades, familiares y otros adultos. Esto es aún más importante cuando tienes que ser franca sobre hacer algo que va a tener consecuencias negativas.

❋ Actúa de manera responsable, sobre todo haciendo lo que te has comprometido a hacer, incluso cuando sea difícil.

❋ Tener autocontrol para hacer cosas aburridas cuando preferirías hacer otra cosa valdrá la pena a largo plazo (como la tarea escolar).

❋ No participes en conflictos porque sí. Si bien es cierto que lo que los adultos llaman «drama» las chicas suelen pensar que es «resolver las cosas con sus amigas», si quieres disminuir el drama (los conflictos) en tu vida, la forma más rápida es disminuir lo

que hablas sobre las personas a sus espaldas. Puede ser un hábito difícil de romper al principio, pero hará que tu vida sea mucho más sencilla.

Mantente segura en los mundos electrónicos y virtuales

Internet puede ser un lugar bastante increíble. Puedes comunicarte con amigos y familiares lejanos, aprender más sobre tus pasatiempos e intereses favoritos, jugar, aprender curiosidades al azar para impresionar a tus amigas y ver un montón de videos de gatos haciendo cosas lindas.

Lo primero que debes recordar siempre y nunca olvidar es que nada de lo que publiques o compartas en el mundo cibernético (o a través de cualquier tipo de conexión electrónica) es en realidad privado.

Antes de enviar ese mensaje de texto o foto, pregúntate: «¿Estaría bien si todo el mundo supiera lo que estoy diciendo en este momento o si viera esta imagen? No solo la persona a la que le estoy enviando esto, ¿sino todos? ¿Mi familia, mis profesores, mi director, cada uno de mis amigos, mi niñera cuando tenía cuatro años e incluso completos extraños?».

Incluso las cosas que publicas en supuestas aplicaciones o videos anónimos que «desaparecen» después de ser vistos no siempre terminan siendo privados. Cualquier cosa puede ser una captura de pantalla, y una vez que está ahí afuera, lo estará para siempre. Pierdes el control por completo; cualquiera puede compartirlo y difundirlo. Has creado un rastro digital que puede continuar siguiéndote mucho después de que hayas presionado enviar.

El rastro no tiene que ser a propósito para causarte problemas; la persona con la que compartes una foto puede ser una mejor amiga que nunca te traicionaría ni compartiría la foto sin tu permiso. Sin embargo, ¿qué sucede si pierde su teléfono en la escuela y la foto cae en manos de otra persona? Aunque solo sea una foto tonta de ti despertando por la mañana con el cabello todo despeinado, es posible que no quieras que todo el mundo la vea.

También recuerda: casi todos los que conoces en línea son extraños. Y los adultos de confianza de tu entorno te han advertido sobre hablar con extraños, ¿verdad? Si alguien que no conoces en la vida real se pone en contacto contigo en línea y quiere reunirse contigo, díselo a un adulto de confianza. En línea, cualquiera puede decir que es un niño o incluso usar las fotos de otra persona para crear un perfil falso.

Si estás jugando en línea con otros jugadores al azar, ten especial cuidado de que tu nombre de usuario no revele ninguna información y asegúrate de saber cómo denunciar mensajes abusivos o ciberacoso en el entorno del juego.

Además, piensa dos veces antes de compartir información personal con todos los que tengan un teléfono o una computadora, como tu ubicación (por ejemplo, «registrándome en el hotel» en diferentes sitios de redes sociales) o el hecho de que estás sola en casa (por ejemplo, «Viendo una película de miedo mientras la familia no está, saltando con cada ruido ja, ja, ja»).

También es importante respetar los límites de tus amistades y familiares en las redes sociales. Habla con tus amigas sobre si está bien etiquetarlas en fotos y registrarlas en lugares, y ten cuidado con lo que publicas en su muro o escribes en respuesta a sus publicaciones o a cosas que comparten.

Por último, usa contraseñas difíciles de adivinar y cámbialas con frecuencia. Una manera fácil de generar una contraseña que puedas recordar es usar una oración completa, con signos de puntuación, o incluso cambiar algunas de las letras por números. «Am0amiperr0Fid0» te va a resultar mucho más fácil de recordar (y será más difícil que otros la descifren o descubran) que una serie de números aleatorios o tu cumpleaños.

Nunca uses tu fecha de nacimiento o tu nombre como contraseña.

Ciberacoso

El acoso cibernético es todo tipo de acoso que se lleva a cabo utilizando tecnología electrónica como teléfonos celulares, tabletas, computadoras o cualquier otro dispositivo que puedas usar para conectarte a internet. El ciberacoso no es tan diferente del acoso cotidiano que sucede en persona, pero a veces puede ser aún más dañino por las siguientes razones:

❖ El ciberacoso puede ocurrir en cualquier momento y en cualquier lugar. No tienes que estar cerca de la persona que te acosa para sentirte asustada o amenazada.

✳ En el mundo electrónico, las cosas se pueden difundir por todas partes en muy poco tiempo.

✳ El ciberacoso puede empeorar el acoso escolar porque continúa las veinticuatro horas del día, los siete días de la semana.

✳ Las personas que practican el ciberacoso no tienen que ver la cara de la persona a la que están hiriendo; esto significa que su comportamiento acosador puede salirse de control aún más rápido.

✳ En internet, es fácil publicar información anónima o esconderse detrás de un perfil falso, por lo que los acosadores no tienen que asumir la responsabilidad de sus actos.

Entonces, ¿qué puedes hacer contra el ciberacoso? Al igual que en el acoso en la vida real, nunca es tu culpa si eres víctima de ciberacosadores. Sin embargo, puedes hacer ciertas cosas para protegerte a ti misma y a las personas que te importan:

✳ Di algo. Si alguien te está amenazando, difundiendo rumores sobre ti, compartiendo tu información privada, reenviando tus mensajes o acosándote en el mundo cibernético, de inmediato toma una captura de pantalla del contenido del acoso (si es posible) y luego denúncialo a la aplicación o *software* por violación de los «términos de servicio». En la mayoría de las aplicaciones dirigidas a chicas de tu edad, la función de denuncia debería ser muy obvia. Si es posible, bloquea el nombre de usuario y luego díselo a un adulto de confianza de inmediato. La información y los chismes se difunden rápido en internet, por lo que es importante actuar con rapidez.

✳ Protege la información personal. Esto significa elegir contraseñas efectivas y cerrar sesión en tus cuentas cuando estés en una computadora compartida. ¡También significa no dejarte presionar para compartir fotos o información que no quieras compartir o que no te gustaría compartir con todo el mundo!

✳ No participes del ciberacoso de ninguna manera y haz tu parte para proteger a otros chicos. Esto significa no sacar tu teléfono para grabar videos de peleas de niños; en cambio, ¡busca a un adulto para que los separe!

✳ Si alguien publica algo perjudicial o privado sobre otra persona, no le des «me gusta» ni lo compartas. Si sabes que alguien ha creado un perfil falso y lo está usando para acosar, denúncialo o cuéntaselo a un adulto de confianza.

Ser víctima de un acosador cibernético o ser la acosadora cibernética puede tener consecuencias muy graves en el futuro de una chica. Algunas víctimas de ciberacoso se han visto obligadas a cambiar de escuela o han tenido que cerrar todas sus cuentas en las redes sociales, y algunos acosadores cibernéticos han sido expulsados de la escuela o incluso han ido a la cárcel. Así que, por favor, mantente a salvo en el mundo cibernético.

Date un descanso

La belleza de tener el mundo al alcance de tu mano a través de un teléfono inteligente es que puedes comunicarte con toda persona que necesites, cuando lo necesites. ¡El inconveniente es que el mundo también puede llegar a ti!

En especial a medida que te acercas a la adolescencia, cuando estás construyendo tus propios grupos sociales fuera de tu familia, el contacto social se convierte más en el centro de tu vida diaria, casi como un trabajo. Un trabajo divertido, pero un trabajo al fin y al cabo. Si estás en tu teléfono las veinticuatro horas del día, los siete días de la semana y disponible todo el tiempo, es como trabajar las veinticuatro horas. Incluso los neurocirujanos tienen días libres, ¿verdad?

Aquí tienes algunas maneras en que puedes tomar el control de tu vida digital en lugar de dejar que ella te controle a ti:

* Asegúrate de tener conversaciones reales con tus amigos, no solo conversaciones de texto. Con los mensajes de texto, tienes tiempo para pensar en cada interacción, en cómo se entenderá y qué dice sobre ti, ¡pero las conversaciones en tiempo real son más espontáneas e igual de divertidas!

* Configura tu teléfono en modo avión por la noche o usa la función «no molestar». Si te preocupa no escuchar una llamada de emergencia, puedes configurar la función «no molestar» para permitir las llamadas entrantes de tus favoritos o de la misma persona que llama en un período de tiempo corto, como tres minutos.

* Ten días «sin pantallas» de vez en cuando. Mereces tener algo de tiempo personal. No tienes que estar disponible al instante para todos los que conoces todo el tiempo. ¡Tal vez no estar disponible de vez en cuando te dará un aire de misterio!

❋ Si sientes que te gustaría tener más tiempo libre de pantallas, pero te cuesta desconectarte de tus dispositivos, haz que tus padres u otros adultos de confianza participen en tu lucha. Tal vez tu casa pueda tener un espacio de «dejar y tomar» donde dejes tu celular o tableta antes de irte a la cama o cuando estés haciendo la tarea. Si tienes un trabajo importante que hacer y ya has realizado toda la investigación en internet, pídeles a los adultos en casa que sirvan como tu *software* de bloqueo de sitios y cambien la contraseña de internet de forma temporal para mantenerte concentrada.

❋ ¿Sabías que los científicos sociales han investigado cómo las redes sociales afectan cómo nos sentimos todos los días, y que las personas que pasan la mayor parte del tiempo en las redes sociales son en realidad las que se sienten más solas? Los investigadores desarrollaron una teoría de que estar en las redes sociales se parece a una interacción social, pero no tiene todas las cualidades de estar con gente en la vida real. Es como comer algodón de azúcar cuando tienes mucha hambre en lugar de sentarte a comer. Puedes evitar esa situación eligiendo la calidad de la interacción sobre la cantidad. En lugar de pertenecer a todos los sitios de redes sociales, elige uno o dos que funcionen mejor para ti y limita tus «amigos» a las personas que de verdad son amigas, no a las personas que solo has visto una o dos veces. Usa las redes sociales para planificar actividades en la vida real, en lugar de dejar que sean un sustituto de ellas.

❋ Prueba ir a un concierto, al cine o salir con amigos sin tomar fotos ni publicar nada en las redes sociales. Es un tipo diferente de experiencia, y tal vez la disfrutes de otra manera.

CAPÍTULO 7

Estrés es solo un número

El cerebro y el cuerpo de cada chica son diferentes del cerebro y el cuerpo de las demás, eso es una realidad. De hecho, ¡eso es lo que te hace ser como eres! Y así como cada chica es diferente, cada una tiene sus propias fortalezas y debilidades, o cosas que hace bien y otras que le cuestan. Algo de esto notarás cuando hagas las tareas escolares. Por ejemplo, algunas chicas tal vez sean grandes escritoras, capaces de redactar textos de diez páginas sin problemas, mientras que otras ven como un gran desafío una tarea de dos oraciones. Es posible que notes algunas diferencias durante la práctica deportiva: hay algunas chicas que son mejores deportistas sin siquiera tener que esforzarse mucho.

Cuerpos y cerebros diferentes

Algunas diferencias son solo parte de cómo funciona el cuerpo de una chica. Por ejemplo, a algunas chicas con TDAH (trastorno por déficit de atención e hiperactividad) les puede costar permanecer

sentadas y quietas y concentrarse. Para poder tener un buen desempeño en la escuela, es posible que tengan que tomar medicamentos recetados para concentrarse y terminar su trabajo. Si eres una de ellas, es importante recordar que no hay ningún problema con tu cerebro, solo funciona de manera un poco diferente.

A veces, las niñas tienen cerebros que no pueden entender lo que la gente quiere decir o entender cómo funcionan las amistades y las conversaciones. Se suele decir que las chicas que tienen cerebros que funcionan de esa manera específica tienen TEA (trastorno del espectro autista). Es posible que tomen medicación, que necesiten que se les digan las cosas de cierta manera, o que tengan que estar en un salón de clases organizado de manera tal que contribuya a que su cerebro funcione mejor.

Estas diferencias en cómo funcionan los cerebros y los cuerpos de las chicas no tienen por qué ser estresantes. Cuando las diferencias causan estrés, suele deberse a que las personas del mundo en general no han dedicado tiempo a pensar en cómo pueden asegurarse de que su parte del mundo sea accesible para las personas cuyos cerebros y cuerpos funcionan de manera distinta.

Por ejemplo, una chica tiene un cuerpo que funciona un poco diferente al de otros niños de su clase: en lugar de caminar, usa una silla de ruedas para moverse. Si vive en una casa de una sola planta con una rampa en la puerta principal, es posible que no esté estresada por usar una silla de ruedas hasta que llega el momento de ir a la escuela secundaria el primer día de clases ¡y descubre que hay un gran tramo de escaleras solo para entrar! Está claro que no es la silla de ruedas la que estresa a la chica; es la falta de consideración de las personas en su escuela lo que causa el estrés.

Si has estado estresada por la diferencia entre la forma en que funciona tu cerebro o tu cuerpo y la forma en que funciona el resto del mundo, recuerda que todos tenemos nuestros propios desafíos. Ningún cerebro o cuerpo es perfecto, no importa lo que digan los de afuera. Cada persona en la tierra lucha con algo, así que asegúrate de tomarte el tiempo para aprender sobre otras personas y saber que no estás sola.

¿Qué debes hacer si una chica que tiene un cerebro o un cuerpo que podría no funcionar exactamente como el tuyo va a una clase contigo o viajan juntas en el autobús o está en tu grupo comunitario? Puede que te sientas un poco insegura sobre cómo tratar a esa chica, pero no hay una sola manera de hablar con ella porque cada chica es un individuo y cada situación es diferente. Solo piensa en cómo te gustaría que te trataran y hazlo así. Si crees que la chica podría querer ayuda con algo, pregúntale si puedes ayudarla y asegúrate de escuchar bien su respuesta. ¡No asumas lo que alguien puede o no puede hacer!

Es probable que ya sepas esto, pero ignorar o burlarte a los chicos que son diferentes a ti no te hará sentir bien a ti (ni a ellos). Todas las personas tenemos sentimientos, y todas las chicas quieren tener amigos y caer bien. Es posible que descubras que si te esfuerzas un poco por hacerte amiga de una chica cuyo cerebro o cuerpo funciona de manera diferente, podrías ser tú la que más se beneficie de la amistad.

Mudanza

Mudarse puede ser un momento muy estresante en la vida de una chica. Cuando tus padres te dicen por primera vez que te vas a mudar, es posible que te enojes. Puede que te lleve algún tiempo acostumbrarte a la idea. Después de un tiempo, es posible que desees tomar algunas medidas que te ayudarán a pensar en cómo la mudanza podría resultar beneficiosa para ti y tu familia. Aquí tienes algunas primeras medidas:

❉ Busca información en internet sobre tu nueva ciudad. ¿Qué hay cerca de tu casa? ¿Hay algo divertido allí que no puedes hacer en tu barrio actual? Google Maps te permite obtener una vista de 360° de tu nueva calle, barrio y ciudad.

❉ Busca en internet tu nueva escuela y fíjate si puedes memorizar los nombres de los profesores y sus fotos. ¡De esa manera, podrás ser la chica nueva que conoce los nombres de todos los profesores la primera vez que los veas!

❉ Planifica cómo deseas decorar tu nueva habitación; incluso puedes usar algunos de los estilos más adultos en los que has estado pensando.

❉ Si te vas a mudar en verano, pregunta si puedes unirte a una liga deportiva comunitaria, ir a actividades en el centro comunitario local o visitar la biblioteca del barrio para conocer a algunos chicos. De esa manera, no tendrás que esperar a que comiencen las clases para hacer amigos.

Al igual que con la mayoría de las cosas en la vida, puede que descubras que mudarse tiene cosas buenas y malas. Es probable que ya hayas pensado en las cosas malas por ti misma, así que aquí tienes algunas cosas buenas para tener en cuenta en esta nueva aventura:

❉ Esta es una oportunidad para reinventarte. Nadie en tu nueva escuela sabe nada de ti. Nadie sabe que arruinaste el gran partido, que tropezaste en el pasillo o que olvidaste todas tus líneas en la obra de teatro en primer grado. Puedes construirte una nueva reputación como la persona que quieres ser.

❉ Tienes la oportunidad de hacer nuevas amigas. Elige con cuidado y seguro encontrarás amigas que te ayudarán a superar todas las partes difíciles del crecimiento.

✳ Aquí tienes la oportunidad de acercarte a tus padres y hermanos. Ya que serán los únicos que conozcas al principio, aprovecha el tiempo para estar con ellos. Juega, explora tu barrio y fortalece tus relaciones con las personas que más te quieren.

Divorcio

Aunque no siempre es tan dramático como parece en la televisión, el divorcio también puede ser muy duro para los niños. Lo más importante que debes recordar si tus padres se van a divorciar es que nunca, nunca, nunca (¿estás escuchando?) es culpa de los hijos. El divorcio es una decisión que los adultos toman por razones de adultos. Si fueras súper buena y nunca más molestaras a tu hermanita, o si fueras súper mala y le hicieras la vida imposible, no podrías causar (ni impedir) el divorcio de tus padres.

Cuando los padres se separan, los chicos suelen ir de un lado para otro, y es posible que tengas que adaptarte a tener dos hogares en lugar de uno, o incluso (más adelante) tener nuevos padrastros o hermanastros. Esto puede ser muy difícil, sobre todo al principio. Si tienes problemas con esto, es importante que hables directamente con tus padres, en lugar de exteriorizar tus sentimientos con un mal comportamiento. Si te portas mal, puede que obtengas la atención que deseas, pero será una atención negativa, no positiva.

Drogas, alcohol y otras cosas poco saludables

Con suerte, estás leyendo esto y pensando: «¿Por qué están hablando de esto? Soy demasiado joven como para pensar en estas cosas». Por desgracia, eso no es así para todas las chicas. De hecho, el seis por ciento de todos los chicos de tu edad dicen que beben alcohol con regularidad.

LA EXPERTA DICE

El divorcio es una de las cosas más estresantes que un niño puede enfrentar, pero hay maneras de hacer que la situación sea lo más llevadera posible. Aquí tienes algunos consejos:

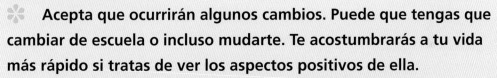

❋ El divorcio es más difícil para la familia si los padres no se llevan nada bien. Recuérdales a tus padres que pueden tener sus desacuerdos cuando tú no estés presente.

❋ Acepta que ocurrirán algunos cambios. Puede que tengas que cambiar de escuela o incluso mudarte. Te acostumbrarás a tu vida más rápido si tratas de ver los aspectos positivos de ella.

❋ Algunas familias tienen problemas de dinero cuando los padres intentan adaptarse a tener dos hogares y dos vidas en lugar de una. Puede que tengas que cambiar tus hábitos de gasto y tus expectativas de regalos en ocasiones especiales.

❋ Conversa con alguien. No te guardes los sentimientos; existen personas que se preocupan por ti y quieren ayudarte.

Cosas que debes saber

El uso de marihuana puede causar pérdida de memoria y problemas de aprendizaje. También puede afectar tu coordinación.

Aunque no veas a muchas personas de tu entorno fumando, bebiendo alcohol o consumiendo drogas ilegales, aun así, estás expuesta a la publicidad de productos de alcohol y tabaco. Habrás visto películas y programas de televisión que muestran a personas con drogas ilegales, por lo que es probable que ya conozcas algunas cosas sobre el alcohol y las drogas, aunque no sean parte de tu vida de forma directa.

El mejor lugar para obtener información sobre el tabaquismo, las drogas y el alcohol es un adulto de confianza. Ellos querrán saber sobre todo si alguien te pide que pruebes estas sustancias. Es importante, pero no siempre fácil, decirles no a las drogas.

Es especialmente difícil si hay muchas drogas a tu alrededor. Si este es tu caso, habla con los adultos responsables de cuidarte sobre cómo cambiar las cosas en tu entorno (como el lugar donde vives, la escuela a la que asistes y los adultos que tienes cerca) para ayudarte a mantenerte libre de drogas. Incluso si no puedes mudarte o cambiar de escuela, pueden ayudarte a pensar en formas de hacer que tu entorno sea más seguro, por ejemplo, cambiando la forma en que caminas a la escuela o encontrando diferentes actividades en las que participar después de la escuela.

Una de las formas para presionar a las chicas a que consuman drogas es que alguien les presente la bebida, el cigarrillo o las drogas como algo de adultos. Sin embargo, enfrentar tus problemas sin rodeos y estar «presente en el momento» (en lugar de estar desconectada debido a sustancias ilegales) es la mejor manera de mostrar cuán adulta eres.

Familias súper estresadas

Todas las familias padecen estrés, pero algunas tienen que lidiar con mucho más estrés que otras. Por ejemplo, algunas familias tienen que enfrentar el hecho de tener muy poco dinero, alguien en la familia que bebe demasiado o usa drogas, la falta de vivienda o vivir en un barrio con mucha delincuencia.

A veces (pero no siempre) situaciones como estas dificultan que los adultos de la familia sean coherentes con la disciplina y satisfagan las necesidades de los niños, aunque se esfuercen mucho. A veces, estos adultos necesitan ayuda para poder ser el tipo de padres que quieren ser.

Si tienes miedo de alguien en tu familia, no tienes cubiertas tus necesidades básicas (ropa, comida, atención médica) o tu familia está súper estresada por algún motivo, es muy importante que hables con alguien. El consejero escolar o la enfermera de la escuela pueden ser buenas personas para empezar. Puede ser muy difícil pedir ayuda, pero es muy valiente.

A menudo, las familias súper estresadas tienen muchas fortalezas; solo necesitan ayuda para volver a la normalidad.

CAPÍTULO 8

¡Hacia tu futuro y más allá!

Conseguir un trabajo después de clase es una excelente manera de expandir tus horizontes, ganar algo de dinero, explorar y prepararte para tu futuro. Si bien es posible que aún seas demasiado joven para tener un trabajo en una tienda o restaurante (dos de los trabajos extraescolares más comunes entre los adolescentes), existen muchas tareas para alguien de tu edad. Por ejemplo, podrías cortar el césped o quitar la nieve, cuidar a los niños de tus vecinos, pasear perros o regar las plantas de las personas que están de vacaciones. A menudo, los campamentos de verano suelen contratar a jóvenes a partir de los catorce o quince años como consejeros en formación.

Trabaja duro por el dinero: Trabajos después de clase

Tres de las cosas más importantes que aprenderás en un trabajo

después de clase son a asumir la responsabilidad por el trabajo que realizas, a hacer tu trabajo lo mejor que puedas y a saber que para ganar dinero debes trabajar duro, lo que te ayudará a apreciar todo lo que tus padres te han dado. Por último, tendrás dinero para ir al cine y hacer las otras cosas que te gustan.

Ahorrar, gastar y otras decisiones difíciles

Una de las mejores cosas de tener un trabajo pequeño, como cuidar niños o cortar el césped, es que te permite ahorrar algo de dinero. Por supuesto que es conveniente poner parte del dinero que ganas en una cuenta especial para cuando estés lista para ir a la universidad o comprar tu primer automóvil, pero también puedes ahorrar dinero para cosas más pequeñas que necesitas o deseas.

Es fácil gastar el dinero de otras personas; solo entras a la tienda, eliges lo que quieres y, zas, alguno de tus padres saca su tarjeta de crédito y es tuyo. Sin embargo, cuando te has tomado el tiempo de ganar ese dinero tú sola, es probable que tengas un sentimiento diferente sobre tu compra. Cuando ahorras para algo que quieres, te das cuenta de lo que realmente cuesta comprar ese par de zapatos o ese aparato electrónico tan caro. Seguro descubrirás que no solo estás gastando dinero, sino que también estás gastando todo el trabajo que te llevó obtener ese dinero. ¿Vale la pena el esfuerzo de cortar el césped en veinticinco casas para conseguir ese par de zapatos específico que querías? La respuesta depende de tu experiencia personal. ¡Es posible que te gusten y valores los zapatos aún más, o que decidas que no merecían tanto la pena!

CONSEJO RÁPIDO

En lugar de gastarte el dinero en dulces y otras pequeñeces, ahorra el dinero que ganes en tu trabajo para comprar algo grande que realmente desees. Si ahorras lo suficiente, serás la envidia de tus amigas cuando te compres tu primer automóvil.

Explora opciones profesionales

Uno de los beneficios de participar en actividades divertidas fuera del horario escolar habitual es que puedes aprender más en qué cosas eres buena y lo que te gusta hacer. Es posible que estas cosas no tengan nada que ver con tus clases regulares. También puedes conocer a más adultos y obtener algunas ideas sobre trabajos que te gustaría considerar para una futura profesión.

Además de las actividades extracurriculares, hay muchas otras formas de conocer diferentes trabajos. Si crees que podrías estar interesada en, por ejemplo, cultivar tulipanes como medio de vida, pero vives en una zona árida y no conoces a nadie que cultive algo más que un cactus de vez en cuando, prueba buscar un libro sobre el tema o pídele a un adulto o profesor que te ayude a encontrar información en internet. Además, algunas universidades incluyen información sobre sus carreras en sus sitios web para jóvenes estudiantes.

Incluso si no tienes ninguna profesión flotando en tu cabeza en este momento, no te preocupes. Si bien es útil pensar en los talentos que tienes y en qué puedes participar para nutrirlos, tener un buen desempeño en la escuela y participar en actividades extracurriculares es un buen comienzo.

Es genial tener una cierta idea sobre en qué te gustaría trabajar cuando seas grande, ¡pero también está bien cambiar mucho de opinión! ¡Hay muchos adultos que todavía no están seguros de lo que quieren ser cuando sean grandes!

Universidad, aquí voy (bueno, en unos años)

Es posible que ya estés pensando en la universidad o quizás no. Aún es pronto, así que trata de mantener la mente abierta a todas las posibilidades. Aunque nadie de tu familia haya ido a la

universidad, o tu familia no tenga mucho dinero, aún es posible que tú obtengas una educación superior. Hay muchas opciones, como becas y otros tipos de ayuda financiera, para ayudarte a conseguir una educación superior. También puedes pasar tus dos primeros años en una universidad comunitaria, que suele ser mucho menos costosa que ir a una privada de cuatro años. Si bien la universidad no es para todos, ir allí puede abrirte los ojos a algunas de las carreras menos obvias que existen. Además, una buena educación puede ayudarte no solo a obtener un trabajo en el que se pague más dinero, sino también a tener muchas más opciones de trabajos.

Sin embargo, un título universitario no es la única manera de conseguir un trabajo que te guste. Hay algunos trabajos que requieren una capacitación especializada, pero no universitaria. Algunos trabajos (como el de plomero) requieren que completes

Cosas que debes saber

Un graduado universitario puede llegar a ganar más de un millón de dólares a lo largo de su vida a diferencia de alguien que solo tiene un diploma de escuela secundaria.

un curso siendo aprendiz. Ser aprendiz significa que pasas tiempo aprendiendo de una persona con experiencia en esa profesión, pero no en un salón de clases formal. En general, los trabajos que requieren un aprendiz te permiten usar más el cuerpo que un trabajo de oficina (como el de contador o escritor). Si eres el tipo de chica a la que le gusta mucho estar al aire libre o usar las manos para construir o arreglar cosas, quizás quieras investigar los tipos de trabajos que puedes aprender a través de una capacitación práctica. Tu yo adulto te agradecerá que te hayas tomado el tiempo de explorar todas las oportunidades disponibles para ti después de la escuela secundaria antes de tomar una decisión que tiene el poder de impactar el resto de tu vida.

Conclusión

Ya has crecido mucho, probablemente incluso desde que comenzaste a leer este libro, pero aún te queda mucho por recorrer. Si bien crecer puede ser difícil a veces, ten en cuenta que solo tienes que pasar por el proceso de la pubertad una vez en la vida. Recuerda que todas las experiencias de crecer, las buenas, las malas, las felices, las tristes, son las que te convertirán en la persona que debes ser.

Por último, debes saber esto: ¡no hay una única manera perfecta de ser una chica! A algunas chicas les gustan las flores y las camisetas rosas de princesas, y otras piensan que las camisetas rosas de princesas son las peores. A algunas chicas les gusta tocar la batería en un equipo de instrucción militar, y a otras les gusta tocar la flauta. Algunas chicas nunca quieren ensuciarse, mientras que otras piensan que ensuciarse es lo mejor. ¡Ninguna de estas formas de ser una chica está mal!

Respeta a la chica que eres por dentro y di cosas buenas a ti misma. Estás en camino de convertirte en una mujer fuerte e increíble, ¡así que no olvides celebrarte hoy y todos los días!

Recursos y lecturas adicionales

Libros

Girl Power: Young Women Speak Out! [Poder femenino: ¡Las jóvenes levantan la voz!]
Por Hillary Carlip
(Warner, 1995)
Esta es una colección de historias escritas por chicas con todo tipo de situaciones de la vida. Este libro podría ayudarte a pensar en tu vida y tu situación personal de nuevas maneras.

33 Things Every Girl Should Know: Stories, Songs, Poems, and Smart Talk by 33 Extraordinary Women [33 cosas que toda chica debe saber: Historias, canciones, poemas y charlas inteligentes de 33 mujeres extraordinarias]
Por Tonya Bolden
(Crown, 1998)
Estas selecciones, todas de diferentes autoras, tienen como objetivo ofrecer consejos que puedan ayudar a las chicas a tener más confianza en sí mismas y darles una dirección y una perspectiva positivas.

Sitios web

Nombre del sitio web: BAM! Body and Mind [¡BAM! Cuerpo y mente]
¿Dónde está? http://www.cdc.gov/bam/
¿De qué se trata? Es un sitio enorme que incluye información sobre enfermedades, alimentación y nutrición, estrés, asuntos familiares y resolución de conflictos. También incluye juegos y cuestionarios y cosas interactivas muy divertidas, como crear tu propio calendario de actividades, un juego interactivo para poner a prueba tus conocimientos sobre el acoso y un cuestionario para medir el estrés.

Nombre del sitio web: A Mighty Girl [Una chica poderosa]
¿Dónde está? http://www.amightygirl.com/
¿De qué se trata? Es la colección de libros, juguetes, películas y música más grande del mundo para padres, profesores y otras personas dedicadas a criar chicas inteligentes, seguras de sí mismas y valientes y, por supuesto, ¡para las propias chicas!

Conoce a quienes colaboraron

Kelli Dunham es enfermera matriculada y licenciada en enfermería, comediante y autora de otros tres libros: *How to Survive and Maybe Even Love Nursing School* [Cómo sobrevivir e incluso quizás amar la escuela de enfermería], *How to Survive and Maybe Even Love Your Life as a Nurse* [Cómo sobrevivir e incluso quizás amar tu vida como enfermera] y *The Boy's Body Book: Everything You Need to Know For Growing Up You* [El libro de los chicos: Todo lo que necesitas saber para crecer], también publicado por Applesauce Press. En su tiempo libre le gusta leer, andar en patineta y bromear con su sobrina Viola cuando toda la familia va al supermercado.

Laura Tallardy es ilustradora graduada del programa de ilustración de la Universidad de Siracusa y ha prometido no volver a ir a ningún lugar con tanto frío. Ha ilustrado la serie Lily, la serie Friend2Friend Club y es colaboradora frecuente de las revistas Girl's Life y American Girl. En la actualidad, vive en Brooklyn con su criatura favorita, Bender.

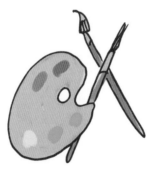

Robert Anastas es educador, autor, conferencista, consejero y fundador de SADD (Estudiantes contra la alcoholemia al conducir, por sus siglas en inglés) y de los programas Check in to a Winning Life [Regístrate para una vida ganadora]. Recibió el premio al Maestro del Año de Massachusetts y el premio al Servicio Distinguido del Departamento de Salud y Servicios Humanos de Estados Unidos, y fue miembro de la Junta Directiva de la Comisión Nacional para la Prevención del Alcoholismo y la Dependencia de las Drogas. Anastas ha viajado cientos de miles de kilómetros a lo largo de América del Norte, Europa y Asia hablándoles a más de dos millones de estudiantes, educadores y padres sobre temas relacionados con el abuso del alcohol y las drogas, el consumo de alcohol en adolescentes al conducir y la comunicación entre padres e hijos.

ÍNDICE ALFABÉTICO

Acerca de
Applesauce Press

Las buenas ideas maduran con el tiempo. Desde la siembra hasta la cosecha, Applesauce Press crea libros con hermosos diseños, formatos creativos e información pensada para los niños. Al igual que nuestra empresa matriz, Cider Mill Press Book Publishers, nuestra imprenta da frutos dos veces al año, es decir, publica una nueva cosecha de títulos cada primavera y cada otoño.

«Donde los buenos libros están listos para la imprenta»

501 Nelson Place
Nashville, Tennessee 37214

cidermillpress.com